붓다에게 배우는
삶의 지혜 88

BUKKYO NI MANABU HACHIJUHACI II NO CHIE
by Sachiya Hiro
Copyright © 1983 by Sachiya Hiro
All rights reserved.
Original Japanese edition published by PHP Institute, Inc.
Korean translation rights © 2004 by Garam Publishing Co.
Korean translation rights arranged with PHP Institute, Inc.
through Japan Foreign-Rights Centre and Bestun Korea Agency.

이 책의 한국어판 저작권은 일본저작권수출센터와
베스툰 코리아 에이전시를 통해 일본 저작권자와 독점 계약한 가람기획에 있습니다.
저작권법에 의해 한국 내에서 보호를 받는 저작물이므로
무단전재나 복제, 광전자 매체 수록 등을 금합니다.

붓다에게 배우는
삶의 지혜 88

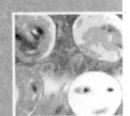

히로 사치야 지음 · 김향 옮김

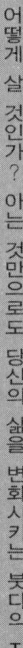

어떻게 살 것인가? 아는 것만으로 당신의 삶을 변화시키는 붓다의 지혜 88가지

가람
기획

| 머리말 |

차안에서 피안으로

　강의 이쪽은 '차안此岸' 이라고 하며, 강 건너의 저쪽은 '피안彼岸' 이라고 한다. 당연하다. 한쪽이 차안이면, 다른 쪽은 피안임에 분명하다. 차안은 이글이글 불이 타오르고 있는 세계이다. 그러기에 우리는 차안으로부터 벗어나 피안에 이르러야만 한다. 그렇지 못하면 타죽고 말기 때문이다.

　피안에 이른다. 한자로는 '도피안到彼岸', 고대 인도의 산스크리트 어(범어)로는 '바라밀다' 이다. 이 바라밀다를 한자로 쓰면 '波羅蜜多' 가 된다.

　어라, 어디선가 들은 적이 있는데… 그런 생각이 드는 독자도 많을 것이다. 널리 알려진 《반야심경》─이 경전은 정확히 말하면 《반야바라밀다심경》이라고 한다 ─에 바라밀다라는 말이 얼굴을 내밀고 있다.

　'바라밀다', 줄여서 '바라밀' 이란 바로 '피안에 이른다' 는 뜻이다. 이글이글 불타오르는 세계로부터 벗어나, 어떻게든 건너편 기슭인 피안에 다다라야만 한다. 그것을 건너는 데는 6가지의 방법이 있다. 이 6가지 방법을 '육바라밀' 이라고 한다.

　육바라밀은 누구나 실천할 수 있는 것들이다. 매우 평범하고 진부하기까지 한 그런 일들을 실천함으로써, 우리는 불에 타죽는 것을 면할 수가 있다. 그것이 바로 불교의 지혜이다. 이 책에서는 그런 평범한 불교의 지혜 88항목을 모아서, 그것을 육바라밀의 순으로 풀어보았다.

   자화자찬이 되겠지만, 그렇게 해서 아주 평이하고, 또 얼마쯤은 유니크한 불교서 한 권이 완성되었다. 이쯤이면 말향 냄새(붓순나무로 만든 가루향으로 불공 때 쓰는 향. 불교 냄새를 풍김에 비유—옮긴이)를 너무 짙게 풍기지 않아서 좋다. 그리고 각 항목의 내용이 비교적 짤막해서 바쁜 현대인들이 자투리 시간을 이용해서 읽기에도 더할 나위 없이 좋다. 많은 사람들이 읽어주기를 바란다. 그리고 불교의 지혜를 자기 것으로 만들어주었으면 하는 바람도 크다. 이 책을 내는 데 도움을 주신 많은 분들께 감사드린다. 합장.

히로 사치야

| 차례 |

머리말 4

서장 육바라밀六波羅蜜 · 인간적 성장을 위한 6가지 원리 11

보시, 스스로를 위해 베푸는 행위 · 12 | 부처님이 지켜주신다 · 16 | 앙굴리마라의 고행 · 20 | '근성' 있는 아이로 키우지 말라 · 24 | 얽매임으로부터의 해방 · 28 | 거꾸로 보는 안경 · 32

제1장 보시布施 · 받아주셔서 감사합니다 37

화장, 보시의 마음 · 38 | 남을 배려한다는 것 · 42 | 웃는 얼굴과 따뜻한 말 · 45 | 말없이 전하는 감사의 마음 · 47 | "당신의 방법은 온당치 않아" · 50 | 보시는 작은 친절이 아니다 · 54 | 수데나 태자의 보시행 · 56 | 세상의 모든 어머니는 지옥으로 간다 · 58

제2장 지계持戒 · 계율이 당신을 지켜준다   61

계는 깨뜨리기 위해서 존재한다 · 62 | 사계捨戒의 편법 · 65 | 부처를 만나면 부처를 죽여라 · 67 | 업과 숙업 · 70 | 윤회전생과 당구 이론 · 73 | 인간이란 무엇인가 · 76 | 거짓말은 용서받지 못한다 · 79 | 선승과 벼룩 · 81 | 간디의 6가지 서약 · 84 | 얻어맞는 것도 불도 수행이다 · 87 | 성계性戒와 차계遮戒 · 90 | 한 가지 계라도 지키려고 노력하라 · 93 | 계보다는 믿음이 먼저이다 · 95

제3장 인욕忍辱 · 남을 비난하는 사람일수록…   97

연민의 마음 · 98 | 윤회의 진정한 의미 · 102 | 연기의 가르침 · 105 | 원인에는 반드시 결과가 있다 · 108 | 불교의 사랑, 기독교의 사랑 · 111 | 원수에게 자비를 구하라 · 113 | 사바와 인고 · 117 | 단념한다는 것 · 121 | 여성도 부처가 될 수 있다 · 123 | 사바세계의 삶의 방식 · 127 | 해탈, 마음의 자유 · 130 | 지옥은 어디에 있는가 · 132

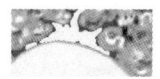

제4장 정진精進 · 여유롭게, 그리고 노력을… 135

노력과 미망 · 136 | 여시아문如是我聞 · 139 | 위대한 포기 · 142 | 인간의 마음, 축생의 마음 · 146 | 억지로 태연한 척하기 · 149 | 무엇을 위해 사는가 · 153 | 오늘 하루의 삶이 당신의 인생이다 · 156 | 교육은 투자가 아니다 · 159 | 병자로서의 삶의 방식 · 162 | 대범한 삶, 쩨쩨한 삶 · 166 | 진리는 중도에 있다 · 170

제5장 선정禪定 · 얽매임으로부터의 해방 173

괜한 핑계 대지 말라 · 174 | 앉지 않는 선 · 177 | 선을 읽으라 · 180 | 움직이는 것은 마음이다 · 183 | 매사를 적당히 하라 · 187 | 해답은 하나가 아니다 · 190 | 정신의 큰 자유 · 194 | 아이는 아이일 뿐이다 · 197 | 족함을 안다는 것 · 200 | 무심과 동심 · 203 | 안달하는 마음 · 206

제6장　지혜智慧 · 있는 그대로 바라보기　209

인간도 부처가 될 수 있다 · 210 ｜ 공의 가르침 · 213 ｜ 색과 형상 · 217 ｜ 왜 경을 읽는가 · 219 ｜ 남자가 있기에 여자가 있다 · 222 ｜ 심무괘애心無罣礙 · 225 ｜ 배를 멈추게 하라 · 227 ｜ 방편, 진리에 이르기 위한 발걸음 · 229 ｜ '죽게 할 권리'와 '죽을 권리' · 232 ｜ 자비는 무한하다 · 236 ｜ 깨달음이란 있는 그대로를 보는 것 · 238 ｜ 아, 지장보살이시여! · 241 ｜ 정토를 믿는다 · 247 ｜ 대기설법의 달인 세존 · 250 ｜ 사랑은 괴로움의 근원이다 · 252 ｜ 대승불교와 소승불교 · 255 ｜ 공의 가르침을 믿는다 · 258 ｜ 사람이 다르면 길도 다르다 · 262 ｜ 산을 움직이는 방법 · 265 ｜ 신념도 하나의 집착이다 · 269 ｜ 상식에 얽매이지 말라 · 272 ｜ 불가사의와 불교 · 274 ｜ 죽은 자를 내지 않은 집은 없다 · 277 ｜ 일기일회의 가르침 · 279 ｜ 일수사견一水四見 · 281 ｜ 마음 그대로가 부처이다 · 284 ｜ 지장보살의 불교 · 287

옮기고 나서　291

| 서장 |

육바라밀 六波羅蜜

인간적 성장을 위한 6가지 원리

대승불교는 본질적으로 재가在家 불교이다. 출가자를 중심으로 구성되어 있는 소승불교와는 근본적으로 다르다. 그렇기에 대승불교에 있어서의 불교 수행은 집에 머무르는 사람들이 실천 가능한 것이어야 한다. 그러한 대승불교에 있어서의 실천 항목이 육바라밀이며, 그것은 보시, 지계, 인욕, 정진, 선정, 지혜의 여섯 항목으로 이루어져 있다.

보시, 스스로를 위해 베푸는 행위

　부끄러운 일이지만, 솔직히 말하면 나는 '기부' 행위를 그다지 좋아하지 않는다. 따라서 '붉은깃털 모금'(공동 모금에 기부한 표시로 달아주는 붉은색 작은 깃털을 말함—옮긴이)에도 늘 딴청을 피우고 지나다닌다. 사회복지 사업이란 것은 나라에서 거두어들인 세금으로 추진되어야 하는 일인 것이다. 군비확장에는 막대한 예산을 쏟아부으면서도 복지예산은 늘 삭감한다. 그러한 정부의 둘러대기 정책의 뒤치다꺼리를 '기부'라는 형태로 국민들에게 떠맡기고 있다는 것이 나의 생각이다. 지금도 그런 생각에는 변함이 없다.
　'부끄러운 일'이라고 했지만, 그러한 정당한 이유가 있으니 조금도 부끄러워할 필요는 없는 셈이다. 그럼에도 부끄러운 일이라 하지 않을 수 없는 것은 나는 내가 얼마나 욕심 많은 사람인지를 알기 때문이다. 이유야 얼마든지 댈 수 있지만, 꼭 집어서 말한다면 나는 본래 구두쇠이다. 구두쇠이기 때문에 기부를 싫어하고, 거기에 그럴듯한 이유를 갖다붙이고 있는 것이다. 그러한 점을 나는 부끄럽게 생각한다.

이것은 벌써 20년도 더 지난 이야기이다. 한번은 도쿄 번화가의 센소지(淺草寺)에 들른 적이 있다. 아니, 나는 그리 기특한 인간은 못 된다. 센소지 근처로 한잔 하러 갔다가 우연히 들르게 된 것이다. 다만 그때 기특하게도 보시를 해야겠다는 생각이 들었다.

센소지 경내에는 탁발승 한 분이 서 계셨다. 그 탁발승에게 보시를 했던 것이다. 불교책에 적혀 있는 대로 얼마간의 돈을 보시함에 넣었다.

탁발승 앞으로 걸어가 조용히 합장을 한다. 그리고 스님이 들고 있는 바리에 돈을 넣고, 다시 스님에게 예를 올린다. 조금 쑥스럽기는 했지만, 그것이 탁발승에 대한 올바른 보시법이라고 해서 그대로 해보았다. 그 스님은 내가 그에게 합장을 하고 있는 동안에도 낮은 소리로 경을 외우셨다.

하지만 경내의 탁발승은 그 스님뿐만이 아니었다. 2~3m 걸어가 또 다른 탁발승을 만났을 때 나는 움찔하지 않을 수 없었다.

"벌써 했는데요."

그런 말은 나오지 않았다. 그저 마음을 다잡고 그 스님한테도 똑같은 방법으로 보시를 해야 했다. 그날 그후에도 2명의 보시승을 더 만났다. 그리고 나는 똑같은 방법으로 보시를 행했다.

'잘했다…'

두고두고 그런 생각이 들었다. 마음속이 깨끗하게 씻긴 기분이었다. 대학에서 불교철학을 공부하고는 있었지만, 그리고 보시에 대해 책을 통해 배우고는 있었지만, 그날 처음으로 진정한 보시의 철학을 이해할 수 있었다.

나는 내 이야기가 '그것은 바로 이러이러한 것이다' 라는 식의 가르치려는 태도나 혹은 설교조가 되는 것을 원치 않는다. 설교로서가 아닌, 내가 마침내 깨달을 수 있었던 불교적인 생각의 하나로, 혹은 그냥 참고할 만한 의견으로 들어주기 바란다. 결론부터 말한다면, 보시란 자선 행위도, 기부 행위도 아니다. 보시는 어디까지나 나를 위해서 하는 것이다.

나는 앞에서 구두쇠라고 말했다. 나는 금전에 집착하는 편이다. 하지만 그런 내가 보시를 행했을 때, 얼마쯤은 편안한 마음이 되었다. 자신의 마음 속에 있는 금전에 대한 집착이 금전을 보시함으로써 그만큼 경감되었던 것이다. 탁발승은 바로 나의 집착을 받아주신 것이다.

그것이 바로 보시이다.

보시란 상대에 대해 자못 은혜라도 내리는 양 베푸는 행위가 아니다. 내 마음속에 있는 거무칙칙한 욕망을 밖으로 내려놓게 해주는 행위이다. 그렇기에 보시를 행할 수 있었을 때, 우리는 탁발승에게 감사의 합장을 하는 것이다. "감사합니다"라고 말해야 하는 쪽은 받아준 쪽이 아니라, 오히려 보시를 행한 내 쪽인 셈이다.

나는 자신이 얻은 과자를 다른 사람에게도 나누어주라고 아이들에게 가르쳐왔다. 그러면서 '왜 나누어주어야 하지?' 하고 아이들에게 한번 물어보았다. 그러자 한 아이가 "과자를 얻지 못한 아이가 가엾으니까"라고 대답했다. 나는 그렇지 않다고 말해주었다.

내가 아이들에게 말하고 싶은 것은 아무리 맛있는 과자라도 혼자 먹어봐야 그리 맛이 없다는 것이다. 나눠 먹는 것이 훨씬 맛있다. 아니, 그 편이 맛있다고 생각할 줄 아는 사람으로 그들이 자라주었으면 하고 바라는 것이다. 그것을 깨달을 때, 아이들도 얼마쯤은 불교를 이해하게 될 것이다.

"부처님 마음을 갖게 위해서, 서로 과자를 나누는 거란다."

아직 아이들이 이 말을 이해하지 못할 테지만, 나는 그렇게 설명을 해주었다.

부처님이 지켜주신다

내 아이가 초등학교 저학년 때의 일이다. 아이가 좀 겁이 많은 편이라, 검도라도 배우게 해볼까 생각한 적이 있다.
"어때, 검도 한번 배워볼래?"
"싫어요. 그딴 거 별로 하고 싶지 않아요."
아이는 딱 잘라 거절했다.
나는 더 이상 강요하지는 않았지만, 그때의 생각은 '역시나…'라는 말로 표현될 수 있었다.
'역시나…'라는 말 속에는 '역시 겁쟁이라니까' '남자답게 좀더 씩씩해질 수 없겠니'라는, 아비로서의 한숨 같은 것이 숨어 있었다.
하지만 그후 나는 생각을 바꾸었다. 생각을 바꾸었다기보다 불교에 대해 공부해가는 동안 자신도 모르게 생각이 달라지게 되었다고 할 수 있다. 지금은 아이에게 검도를 배우게 할 생각이 없다. 아니, 더 나아가 아이 쪽에서 먼저 검도를 배우겠다고 한다면 오히려 내가 그만두라고 말릴 작정이다. 검도의 부정적인 면을 조근조근 설명하면서 아이를 설득할 것이다.

'검도의 부정적인 면'이라고 했다. 나는 한 사람의 불교인으로서 검도에 관한 내 개인적인 의견을 말하는 것뿐이지, 검도 그 자체의 시시비비를 논하자는 것은 결코 아니다. 검도가 훌륭한 스포츠인지 어떤지, 나는 그것에 관해서는 잘 모른다. 알고자 하는 마음도 없다. 하고 싶은 사람은 소신껏 하면 그만이다.

하지만 불교인에게 있어서 검도와 같은 스포츠는 부정적인 측면이 있다. 왜냐하면 불교에는 '불살생계不殺生戒'가 있기 때문이다. 불살생계는 살아 있는 것을 죽이고, 상처 입혀서는 안 된다는 것이다. 더구나 사람이 사람을 죽이고, 때려눕히고, 상처입히기 위한 그런 훈련이 검술인 것이다. 그것이 허용되기 힘든 행위임에는 확연하다. 어떻게 생각해도 불교인과 검도는 어울리지 않는다. 나는 그렇게 믿고 있다.

그렇지만 내가 그렇게 단정하면 분명 반론이 있을 것이다. 살아 있는 것을 죽이는 것이 직업인 사람은 어쩌란 말인가. 과거의 무사들은 살기 위해 검도가 필요했을 것이고, 오늘날에도 분명 직업적인 문제로 인해 그렇게 해야 하는 경우도 있을 수 있다. 현대에는 직업 선택의 자유가 있지만 옛날에는 그렇지 못했다. 현재에도 형식적인 자유는 있을지언정 그 안을 들여다보면 부자유한 측면도 없지 않다. 그렇기에 살생을 통해서 살아갈 수단밖에 없는 사람도 있을 것이다. 그 점은 나 역시 인정한다. 직업의 문제는 그 자체로서 달리 고찰해볼 필요가 있다고 생각한다.

여기서 내가 말하고 싶은 것은 어쩔 수 없는 살생이 아니라, 놀이삼아 하는 살생이다. 스포츠라는 명목하에 서로 죽이고, 때리고, 상처입히는 것이다. 어떤 변명을 해도 그것은 불살생계에 어긋난다. 불교인에게 어울리지 않는 행위이다.

하지만 호신술의 차원도 있지 않습니까? 또 하나의 반론은 그것이다. 검도는 공격을 위한 것이 아닌, 몸을 지켜내기 위한 것이라고.

그에 대해서 나는 이렇게 생각한다. 그것은 '계戒'의 본래 의미를 생각하면 쉽게 이해할 수 있을 것이다.

'계'는 산스크리트 어(범어)로 '실라sila'라고 하며, 그것은 '자주 행하는 것' '습관들임' '성격 만들기'와 같은 의미이다. 예를 들어, 우리는 아침에 일어나서 세수를 하고 이를 닦는다. 그것이 습관이 되면 세수를 안 한다거나 이를 닦지 않으면 개운치가 않다. 그러한 개운치 않음이 불교에서 말하는 '계'이다. 그렇기 때문에 불살생계는 살아 있는 것을 죽이지 않는 습관을 몸에 익히는 것이다. 하찮은 미물이라도 죽이면 마음이 언짢아지는 것이 곧 불살생계를 실천하고 있는 것이다.

불교의 계에는 그밖에도 '불망어계不妄語戒'가 있다. 이는 거짓말을 하지 않는다는 것인데, 그 진짜 의미는 거짓을 말하면 마음이 편치 않아질 때까지 거짓을 말하지 않는 습관을 몸에 배게 하는 것이다. 즉, 그것은 거짓말을 하지 않기 위해 노력하는 가운데, 저절로 계를 지키게 되는 것을 말한다. 결과적으로 계의 보호를 받게 되는 것이다. 그것이 계를 지키는 본래의 방식이다.

  그러므로 이렇게 말하면 좋을 것이다. 우리들 범부가 불살생계를 지켜나가는 가운데, 그 계가 이제는 오히려 우리를 지켜주게 되는 것이라고.

  "그러니 아들아, 아무것도 걱정할 필요 없단다. 사람을 상하게 하지 않는다는 계를 지켜나가다보면, 그 계가 너를 지켜줄 테니 말이야. 즉, 부처님이 널 지켜주실 거야."

앙굴리마라의 고행

인도 코살라 왕국에 앙굴리마라라는 이름의 바라문 청년이 있었다. 석가세존 시절의 이야기이다.

앙굴리마라는 잘생긴 젊은이로, 한 바라문에게 사사하며 면학에 힘쓰고 있었다. 그런데 스승이 집을 비운 사이, 스승의 부인이 이 미청년을 유혹하려 했다. 부인의 입장에서야 그저 장난에 불과했지만, 청년은 이를 단호히 물리쳤다. 하지만 집으로 돌아온 남편에게 이 부인은 정반대로 상황을 이야기했다. 당신이 집을 비운 사이, 앙굴리마라가 자신을 욕보이려 했다고….

스승인 바라문은 크게 노하여, 그 자리에서 제자에게 당치도 않는 일을 하도록 명했다. 100명의 남녀를 죽이고, 그 사람들로부터 손가락 한 개씩을 모아서 목걸이를 만들어 오라고. 그것이 너의 최후의 수업이며, 이러한 내 명령을 어길 수는 없노라고. 안타깝게도 순진한 청년은 그것이 삿된 생각에서 나온 것임을 알지 못한 채, 코살라 왕국의 수도인 사위성의 거리로 나가 사람을 죽이기 시작했다.

99명.

앙굴리마라는 꼭 그만큼의 남녀를 죽였다. 99개의 손가락이 이미 그의 수중에 들어와 있었다. 이제 남은 것은 단 하나. 그리고 그때, 그는 석가세존과 대면한다. 100번째 희생자로 그는 석가세존을 죽이고, 그의 손가락으로 목걸이를 완성시키려 했다. 하지만 그것은 불가능한 일이었다.

앙굴리마라는 거꾸로 석가세존에게 가르침을 얻었고, 그는 석가세존의 제자가 된다. 과거의 죄업을 뉘우치며, 불교 교단에 몸담게 된 그는 진지한 자세로 배움에 임했다. 그렇게 수행에 최선을 다해나가고 있었지만, 사람들은 그를 용서하지 않았다.

사위성 백성들 가운데, 그에게 육친의 목숨을 빼앗긴 사람들의 입장에서 보면 앙굴리마라는 아무리 미워해도 분이 풀리지 않는 살인마였다. 그렇기에 불제자가 되어 탁발에 나선 앙굴리마라를 향해 사람들은 돌을 던지고 저주의 말을 퍼부었다.

다음날도 또 그 다음날도 앙굴리마라는 피투성이가 되어 탁발에서 돌아왔다. 그의 바리 안에는 한 톨의 쌀도 들어 있지 않았다. 피범벅이 되어 돌아오는 제자의 보며, 석가세존은 이렇게 말씀하셨다.

"앙굴리마라여, 너는 그것을 참고 견뎌내야만 한다. 꼭 참고 견뎌냄으로써 너는 과거의 죄업을 청산할 수 있기 때문이다."

참으로 놀라운 말이 아닌가.

나는 이 말을 떠올릴 때마다 한숨이 나오려고 한다. 누가 나에게 불제자다운 삶이란 어떤 것이냐고 물어오면, 나는 주저 없이 이 앙굴리마라의 경우를 예로 들 것이다.

"타인으로부터 받는 박해를 참고 견뎌내는 삶. 그것이 불제자다운 삶의 방식이라 생각합니다."

나는 그렇게 답할 생각이다. 지금 당장 내가 그러한 삶의 방식을 살아낼 수는 없지만, 언젠가는 그것이 가능한 사람이 되고 싶다고 소망한다.

하지만 이러한 단정에 대해 아마도 반론이 따를 것이다. '나는 앙굴리마라가 행했던 것과 같은 악행을 저지르지 않았습니다. 그런데 어째서 내가 박해를 받아야만 합니까? 또한 박해를 받는다면 어째서 그것을 참고 견뎌내야만 합니까' 라고. 인상을 쓰면서 반박하려들 독자도 있을 것이다.

하지만 잠시 생각해보기로 하자. 앙굴리마라는 대체 어떤 악행을 저지른 것일까? 그는 스승의 명에 따라 사람을 죽였다. 그것이 악행이라면, 국가의 명을 받고 군인이 된 사람은 어떠한가? 국가를 위해서 가난한 사람들로부터 세금을 빼앗아가는 관리는 과연 용서받을 수 있을까? 공해기업에서 근무하는 샐러리맨은? 우리가 자신의 직무에 충실할수록 오히려 타인을 괴롭히게 되는 것은 아닐까? 선생님이 교육에 열을 올릴수록 오히려 학생들을 힘들게 하지 않을까? 선생님의 입장에서 본다면 언젠가는 교육효과가 나타날 것이라 믿고 있을 테지만, 대부분의 아이들에게 있어 학교교육은 그다지 큰 도움이 되지 못하는 경우도 있다. 극히 일부의 학생들만이 스파르타식 교육의 혜택을 입게 되고, 나머지 대부분의 학생들은 희생양이 되기도 한다. 이것이 현실이다.

  그리고 이것은 지금의 사정에 국한된 것만은 아니다. 어느 세대에나, 또 어느 나라에나 그러한 점이 현실 속에 늘 있어왔다. 자신은 좋은 일을 하려 하지만, 그것이 오히려 타인에게는 피해를 입히게 된다. 자신은 결코 남에게 피해를 주지 않았다고 말하는 사람은 그저 자기 혼자 그렇게 믿고 있는 것뿐이다. 즉, 이 세상은 남에게 피해를 주지 않고는 살아갈 수 없는 세상인 것이다. 불행하고 슬픈 일이지만, 그것이 바로 이 세상의 삶의 방식이다.

  그렇다면 우리는 타인으로부터 받는 피해를, 그리고 박해를 참고 견뎌내는 수밖에는 없다. 자신 또한 남에게 피해를 주고 있다는 사실을 자각하여, 남이 나에게 주는 괴로움을 지그시 참고 견디는 것이 진정한 불제자의 모습이라 생각한다. 그 피투성이가 된 앙굴리마라의 모습 속에서 나는 불제자의 존재양식과 삶의 방식을 보고 있는 것이다.

‘근성’ 있는 아이로 키우지 말라

근성根性이라는 말이 있는데, 나는 좀처럼 이 말과 친해지지 못했다. 그 말은 어딘지 불교와 관련이 있는 것처럼 보이지만, 딱히 불교적인 말이라고 볼 수도 없다. 사전을 뒤적여보면 알 수 있듯이, '(그 사람이 천성적으로 지닌) 근본적인 성질이나 사고방식'을 말한다. 매우 일반적인 말이다.

하기야 내가 어릴 적에는 '나는 오사카에서 자랐다'는 말은 주로 나쁜 의미로 쓰였다(일본어로는 '곤조'라고 하며, 안 좋은 뉘앙스로 우리 나라에서도 간혹 쓰이는 경우가 있다—옮긴이). '저 사람은 근성이 안 좋아'라고 하면, 삐뚤어진 외골수를 뜻하는 경우가 많았다. 지금도 '노예 근성'이라든가 '거지 근성'처럼, 나쁜 의미로 쓰이는 경우가 더 많다. 우리 사회에서 이러한 근성이 장려된 것은 언제부터였을까?

최근 들어 '근성을 발휘하라!' '근성을 지녀라!'라는 외침이 들려온다. 다소 심약해 보이는 젊은이들에게 '너희는 근성이 부족해'라는 호통이 돌아가기도 한다. 이 경우의 '근성'은 '적극성'이란 말로 대치될 수 있을 것이다. 어쨌거나 세상은 근성이 장려되는 이상한 곳이 되고 말았다.

고교야구의 예를 들어보기로 하자. 타자가 공을 치고 1루를 향해 달려간다. 누가 보더라도 1루에 여유 있게 들어갈 수 있는 타이밍이다. 그럼에도 불구하고 그들 고교생들은 늘상 1루 베이스에 머리부터 들이민다. 그것이 '근성 있는 플레이'이기 때문이다.

하지만 이것은 무익한 일이다. 나는 그렇게 생각한다. 게다가 위험하기까지 하다. 머리부터 들이밀었다가 만에 하나 사고라도 일어난다면…. 하지만 사람들은 이 근성을 좋아하는 모양이다. 늘 이런 정신론을 부르짖는 것이 그들의 장기이다. 적이 침략한다면 죽창이라도 들고 나가 싸우겠다고 진지하게 생각하는 것이 일본인이다. 참으로 장한 인종이라고 해야 할지.

그리고 근성을 불교와 연관짓고 싶지도 않다. 불교가 당세에 유행인 근성론을 장려하고 있는 것이라고 함부로 오해해서는 곤란하다. 그런 식으로 오해되기에 젊은 사람들이 불교로부터 멀어지는 것이 아닐까? 그들은 불교를 진부하기 짝이 없는 정신론으로 받아들이고 있다. 하지만 불교는 그렇지 않다. 불교는 정신 일도만 한다면 무엇인들 못하겠느냐고 히스테릭하게 외치지 않는다. 오히려 맹목적인 저돌 맹진을 부정한다.

잘 알려진 바와 같이 석가세존은 처음에 고행을 행하셨다. 그것은 죽음과도 마주선 처절한 고행이었다. 아니, 실제로 주위 사람들이 석가세존이 죽었다고 여겼을 만큼, 극도의 단식을 행한 고행이었다.

그러나 석가세존은 이러한 고행이 불제자가 걸어야 할 길이 아님을 통찰

했으며, '중도中道'를 행하시게 되었다. 중도를 걸어가면서 세존은 마침내 최종적인 깨달음을 얻으셨다. 따라서 불제자가 실천해야 할 길은 바로 이러한 중도의 길인 것이다. 고행도 아니며, 그렇다고 해서 방만으로 흐르는 안일한 길도 아니다. 실로 그러한 양 극단을 피한 중도가 불교의 근본 정신인 셈이다. 그렇기에 당세에 유행하는 근성론은 불교와는 아무 관련이 없다. 나는 그렇게 단언해도 좋다고 믿고 있다.

그렇다고 해서 불교가 일체의 노력을 부정하고 있다고는 오해하지 않기를 바란다. 그 또한 또 다른 오해일 뿐이다. 불교는 언제든 올바른 노력을 가르치고 있다. 올바른 노력, 그것은 노력해야 할 부분에서의 노력이다. 그와 동시에 타인에 대한 배려를 지닌 노력이기도 하다. 스스로 노력을 기울이면서, 거기에 타인까지 배려하기란 어떤 의미에서 매우 어려운 일이다.

왜냐하면 노력하는 사람이란 아무래도 협량해지기 쉽기 때문이다. 노력에 의해 성공하면, 타인도 또한 노력해야 한다고 생각하게 된다. 성공은 크든 작든 요행의 덕택인데, 그것을 잊고 노력만이 성공의 요인인 것으로 착각하고, 그런 탓에 다른 사람에게까지도 무리하게 그것을 강요하게 되기 쉽다. 아무리 노력해도 실패만 하게 되는 불행한 사람도 있게 마련이다. 성공한 사람은 그 점을 미처 생각지 못하기 쉽다.

게다가 사람들은 저마다 성격이나 능력에 있어 차이를 보인다. 아무리 노력을 하려고 해도 처음부터 그 일이 무리인 약자가 있다. 그런 약자에게까지도 채찍을 가할 필요가 있을까? 근성론은 '사랑의 채찍'이라는 이름으로 약한 자에게까지도 마구 휘둘려지기 쉽다.

  나는 아이들에게 근성을 심어주어야겠다고는 생각지 않는다. 다른 사람의 슬픔이나 고통을 무시하고, 옆도 돌아보지 않은 채 결승점을 향해서만 달려가는 그런 사람으로 키우고 싶지는 않은 것이다. 다른 사람의 마음의 고통을 이해하는 사람이 되어주었으면 한다.

  그것이 내가 아이들에게 갖는 소망이다. 그리고 거기에 모두 손을 맞잡고 여유롭고 느긋하게 계속 노력해나가기를 바란다. 그것이 바로 불교도가 지녀야 할 진정한 모습이 아닐까. 내 아이들에게 그렇게 말해주고 싶다.

얽매임으로부터의 해방

아까부터 두세 시간 동안 나는 줄곧 원고지를 노려보고 있다. 이번에는 '선정禪定'에 대해서 쓰려는 참인데, 좀처럼 이야깃거리가 떠오르지 않는다.

어째서 선정에 대해 쓰려고 생각했을까? 불교에 대해 어느 정도 공부하신 분은 '육바라밀'이라는 말을 들어본 적이 있을 것이다. 교토의 히가시야마(東山)에는 육바라밀사라는 절이 있다. 그 절 이름에 붙여진 바로 그 '육바라밀'말이다.

육바라밀이란 대승불교에서 말하는 6가지 수행 덕목이다.

1. 보시布施 — 남에게 재물을 베푸는 일
2. 지계持戒 — 계율을 지키고, 자기 반성을 행하는 일
3. 인욕忍辱 — 남에게서 받는 박해나 성가심을 참고 견디는 일
4. 정진精進 — 부단히 노력하는 일
5. 선정禪定 — 정신 통일. 마음을 안정시키는 일

6. 지혜智慧 – 진정한 지혜를 지니는 일

이것이 육바라밀이다. 그리고 혹시 독자들 가운데 벌써 알아차린 분도 있겠지만, 나는 이 서장 부분을 육바라밀의 순으로 써왔다. 보시-지계-인욕-정진의 순으로 써왔고, 이번에는 선정에 대해 쓸 차례가 되었다. 하지만 좀처럼 글이 앞으로 나아가질 않는다. 머리를 쥐어짜던 나는 아무래도 좀 쉬었다가 해야지 하면서 만년필을 내려놓고는 털썩 소파에 누워버렸다. 잠깐 눈이라도 붙일 생각이었다.

바로 그 순간, "아!" 하고 떠오르는 게 있었다.

내가 써야 하는 글은 불교의 지혜, 즉 불교의 가르침은 무엇인가에 대한 것이지, 반드시 선정에 대해서 써야만 하는 것은 아니지 않은가 하는 깨달음이었다. 선정에 대해서 써야 한다고 생각한 것은 나 혼자 내린 결정이며, 거기에 얽매여 사고팔고(四苦八苦, 생로병사의 사고四苦와 사랑하는 이와 헤어지는 고통, 구하여도 얻지 못하는 고통, 원수나 미워하는 사람과 만나는 고통, 오온五蘊이 성한 고통 등 8가지 괴로움을 아울러 이르는 말—옮긴이)하는 어리석음을 범하고 있었던 것이다. 이것은 중요한 일이 아닐 수 없다.

얽매이지 말아라. 불교는 언제나 그렇게 가르치고 있다. 그것이 불교의 매우 핵심적인 가르침인 줄 알면서도, 나는 스스로에게 얽매여 있었던 것이다. 참으로 부끄러운 일이다. 그러한 반성을 겸하여 '얽매이지 말라'는 이야기를 나는 여기서 다시 한번 강조해두고 싶다.

우리는 늘 무엇인가에 얽매여 지내고 있는 듯하다. 대부분의 경우 뭔가 좋을 일을 해보기 위해 그렇게 얽매여 살고 있는 것이다. 예를 들어, 아이를 위하는 일이라 생각해서 학교를 빠져서는 안 된다, 게으름을 피워서는 안 된다 하며 아이들에게 설교한다. '좋은 아이'를 만들기 위해 아이들을 얽어매고 있는 것이다.

하지만 지나치게 얽매이다보면 오히려 아이들을 망쳐놓는다. 부모의 융통성 없는 생각이 자유롭게 쑥쑥 커나가야 할 아이들의 마음을 위축시키고 만다. 교육에 있어 무엇보다 중요한 것은 편협한 생각을 갖지 않도록 하는 일이다. 지나치게 거기에 얽매여 있지 않아야 하는 것이다.

교육뿐만이 아니다. 우리들 범부는 자신이 아버지란 사실에도 얽매여 있다. 혹은 한 회사의 사장이고, 과장이란 사실에도 얽매여 있다. 마치 자신의 직함이 자신 대신 양복을 입고 있는 듯 살아가면서, 사고도 거기에 맞추어서 한다. 얼마나 고달픈 일인가. 허세와 허영심으로 가득 찬 삶이다. 그 모든 것을 다 버리고 오로지 알몸으로 나설 수 있다면 얼마나 상쾌할 것인가? 때때로 그런 생각을 해보곤 한다. 아마도 그런 생각을 하는 사람은 비단 나 혼자만이 아닐 것이다. 수많은 사람들이 그런 생각을 할지도 모른다. 사실을 말하자면, 그것이 바로 선정인 것이다.

보통 선정은 정신 통일이라 여겨지고 있다. 혹은 무념무상의 경지에 도달하는 것이 선정이며, 좌선이라 믿고 있다. 분명 그 또한 선정일 것이다. 하지만 그것만이 선정의 전부는 아니다.

나는 선은 곧 얽매임으로부터의 해방이라 여기고 있다. 뭔가 한 가지 일에 얽매여서 이러지도 저러지도 못하게 됐을 때, 그러한 마음의 얽매임을 풀어주는 것이 바로 선이다. 우리가 선입관에 구속되어 편협한 생각에 빠져 있을 때, 혹은 체면이라든가 자신의 입장에 얽매여서 괴로움을 겪고 있을 때, 그러한 마음의 얽매임을 풀어주면서 자유롭고 거리낌 없는 삶의 방법을 가르쳐주는 것이 바로 선인 것이다.

그렇다면 선에 대해 쓰고 싶다고 해서, 오로지 정신 통일에 관해서만 생각하고 있던 나는 참으로 어리석다고 하지 않을 수 없다. 하지만 그 덕분에 거꾸로 독자들에게 선정에 관해 보다 나은 설명을 할 수 있었는지도 모른다. 그렇다면 이는 일종의 전화위복이라고도 볼 수 있다.

무엇에도 얽매이지 않는 삶— 그것이 바로 불제자가 지녀야 할 삶의 방식의 하나이다. 나는 그렇게 여기고 있다. 그리고 나 역시 그렇게 살아갈 수 있기를 염원한다.

거꾸로 보는 안경

미국의 심리학자 중에 스트래턴이라는 인물이 있다. 1958년까지 살았으니 벌써 반세기 전의 사람이다.

미국의 학자들 중에는 엉뚱한 실험을 즐기는 인물들이 많다. 스트래턴도 예외가 아니어서, 무척 흥미로운 실험을 행한 바 있다. 그는 세상이 거꾸로 보이는 안경을 만들었던 것이다. 이 안경을 쓰고 보면 좌우도 위아래도 거꾸로 뒤바뀌어 보인다. 그는 이 안경을 쓰고 8일 동안 생활했다.

처음에는 갈팡질팡했다고 한다. 좌우가 뒤바뀌어 보이는 것은 거울도 마찬가지이다. 거울을 보면서 면도를 하는 일은 처음에는 약간 애를 먹는다. 어긋난 방향에 면도칼을 들이대는 경우도 있다. 하지만 이것도 처음 얼마 동안이며, 익숙해지면 아무 일도 아니다.

스트래턴의 안경은 좌우뿐만 아니라 위아래도 거꾸로 보인다. 사람의 경우는 머리를 아래로 하고, 다리를 위로 해서 걷고 있는 셈이다. 그리고 큰길이 위에 있다. 그 큰길 아래에 푸른 하늘이 펼쳐져 있다. 얼마나 이상한 풍경이었을까. 하지만 그것 역시 처음 얼마 동안이고, 차차 익숙해지자 아무렇지도 않았다고 한다. 오히려 8일째가 되어 안경을 벗자, 안경 없이 바라본 세상이 참으로 기이하게 느껴졌다고 한다. 이것이 바로 유명한 스트래턴의 실험이다.

실제로 이 실험은 본래 인간의 눈에는 바깥 세상이 거꾸로 비치고 있을 터인데, 어떻게 그렇게 잘살 수 있을까 하는 의문에서부터 출발한 것이다. 사람의 눈동자는 렌즈이기 때문에, 당연히 망막에는 물체가 거꾸로 비친다. 우리는 그것을 당연하게 여기며 생활하고 있는 셈이다. 스트래턴은 그 거꾸로를 다시 거꾸로 했다. 거꾸로 된 것을 거꾸로 했으니 정상이 되었을 터인데, 오히려 그는 갈팡질팡했다. 정상인 것이 이상하게 여겨졌던 것이다.

그리고 그 정상(일반상식으로는 이상)에 익숙해진 사람에게는 이번에는 그쪽이 오히려 더 편안해진 것이다. 8일째에 그가 안경을 벗고 본 세계는 다시 거꾸로 뒤집힌 세계였다. 뭔가 복잡한 이야기처럼 들릴지도 모르지만, 사실 내가 말하고 있는 것은 단순한 것이다. 즉, 우리가 사물을 자신이 믿는 대로 보고 있다는 것이다. 머리가 위이고 다리는 아래에 있다고 믿고 있기에 그렇게 보일 뿐이라는 이야기이다.

그와 비슷한 예는 얼마든지 있다. 이른바 명품이라 불리는 일류 메이커의 상품들도 저건 정말 '고상'하다는 믿음으로 보기에 그렇게 보이는 것일 뿐이다. 그 레테르를 떼어버리면 실제로 품질에는 다른 것들과 별 차이가 없을지도 모른다.

내 자식, 내 마누라… 그렇게 생각하기 때문에 아이가 귀여워 보이고, 부인이 착해 보이는 것이다. 우리들 범부의 눈에는 처음부터 '선입관'이라는 안경이 씌어져 있다. 그 안경을 통해서 세상의 사물들을 보고 있는 셈이다.

불교에서는 그러한 안경을 벗으라고 가르친다. 각자가 쓴 안경을 벗고 사물을 있는 그대로 보아야 한다는 것이다.

있는 그대로 보기— 불교에서는 그것을 '여실지견(如實知見, 있는 그대로 옳게 봄—옮긴이)'이라고 한다. '있는 그대로 바르게 본다'는 뜻이다. 욕망에 휘둘리지 않고, 선입견도 버리고, 대상을 있는 그대로 바라보는 것이 불교가 이상으로 삼는 바이다.

그러나 그것이 말처럼 쉽지는 않다. 우리들 범부은 좀처럼 자신의 안경 없이는 사물을 바라볼 수가 없는 것이다. 안경을 쓰고서밖에는 볼 수 없기에, 우리는 바로 범부인 것이다. 차라리 그렇게 말해버리고 싶어진다.

그러나 우리가 이렇게 말해버린다면 그것으로 끝이다. 그렇게 말해버리고 싶어지는 기분은 알지만, 그래도 우리는 계속해서 노력을 해나가야 한다. 그 노력을 계속해가는 과정 속에 바로 불교가 있으니까 말이다.

나는 그러한 노력이 사람을 차별하지 않는 것에서부터 시작했으면 좋겠다고 생각한다. '이 아이 내 아이, 저 아이는 남의 아이', 이렇게 차별을 두기 때문에, 그러한 차별에 근거해서 아이들을 바라보게 된다. '착한 아이' '나쁜 아이' '평범한 아이'라는 식으로 이상스런 차별을 하고 있기 때문에, 그렇게 보이게 되는 것이다. 하지만 아이들은 모두 '하늘이 내린 아이들'

일 뿐이다. '하늘이 내린 아이들'에게 그 어떤 차별을 둘 수 있겠는가?

  아이들뿐만이 아니다. 직장에서 만나는 사람들, 이웃에 사는 사람들 등 모두가 '하늘이 내린 사람들'인 것이다. 거기엔 위아래도, 차별도 있을 수 없다. 물론 그것이 그렇게 간단히 실천될 수 있는 일은 아니다. 우리는 범부인 까닭에 역시 차별을 두게 된다. 하지만 비록 차별하는 마음이 있을지라도 모든 사람이 '하늘이 내린 사람'임을 단단히 마음속에 새겨두었으면 한다. 그것을 아는 것만으로도 의미 있는 일이라고 생각한다. 그런 생각을 하다보면 언젠가는 분명 모든 사람들이 '하늘이 내린 사람'으로 보이게 될 테니까 말이다.

| 제1장 |

보시 布施

받아주셔서 감사합니다

보시란 곧 '베풂'이다. 일반적으로는 재가 불자가 스님에게 재물 따위를 회사하는 것이 보시라 여겨지고 있지만, 그것은 재시財施라고 하며, 보시의 일부일 뿐이다. 스님에게 베풀지 않더라도 보시이며, 또한 재물이 아니더라도 남에게 어떤 상냥하고 다정한 말을 건네는 행위만도 훌륭하고 나무랄 데 없는 보시일 수 있다. 하지만 여기서 주의할 것은 상대에게 자신이 은혜를 베풀어준다는 마음이 있으면, 그것은 더 이상 보시가 아니라는 점이다. 남에게 은혜를 베푸는 일이 아닌, 진정한 보시가 행해지기를 바란다.

◆ 화장, 보시의 마음

이른바 페미니스트인 나는 여성이 무슨 좋지 않은 소리를 듣고 있거나 하면 당장 변호해주고 싶은 마음이 발동한다. 아니, 페미니스트라 여기는 것은 나 혼자의 생각이고, 공처가 혹은 공녀가(?)라는 말을 들을지도 모른다.

"여자들 화장하는 걸 봤는데 말이지, 아주 덕지덕지 바르더군. 이건 화장이 아니라 분장 수준이더라구. 하여튼 여자들은 요물이라니까."

친구들 가운데는 그런 말을 겁 없이 내뱉으며 사는 무리가 있다. 마음 약한 나는 그런 말만 들어도 화들짝 놀라기 일쑤이다. 그렇다고 친구들 말에 맞장구를 치지 않았다가는 언제 왕따를 당할지 모르고, 페미니스트인 처지에 같이 욕을 할 수도 없는 노릇이고… .

그때 누군가가 나에게 물었다.

"불교에서는 여성에 대해서 어떻게 말하나?"

"불경에 보면 '똥오줌으로 들어차 있는 여자'라는 표현이 있지."

나는 책에 있는 그대로 정직하게 답을 했다.

"그럼, 그럼, 그렇다니까. 안에는 똥오줌으로 가득 차 있는데, 겉에만 덕지덕지 화장을 하는 게 여자라구."

"하지만 똥오줌이 들어차 있다는 점에서는 우리 남자들도 똑같잖아?"

"하지만 남자들은 그렇게 겉만 번드르르하게 치장하려고 하지는 않잖아. 그러니 똑같지는 않지."

듣고 보니 그렇게 틀린 말만도 아니다. 하지만 그래도 나는 여성들이 화장을 하는 것이 좋다. 분명 너무 진한 화장은 보기에 괴롭지만, 자신을 가꾸는 정도로서의 화장은 필요하지 않을까 하는 게 나의 생각이다. 언젠가 출근길에 쓰레기를 버리러 나온 단골 술집 마담과 우연히 골목길에서 마주친 적이 있다. 잔뜩 헝클어진 머리에 후줄근한 차림새의 그녀를 보자, 그만 환상이 깨어져버린 두 번 다시 그 술집에 갈 마음이 나지 않았다.

그녀는 아마 술집이니까 손님이 오는 밤에만 화장을 하면 되겠지 하고 생각했을 것이다. 하지만 그런 생각으로는 반드시 실패할 수밖에 없다. 쓰레기를 버리러 가다가 우연히 만난 사람, 그날 그 자리에서 그녀와 마주쳤던 사람에게는 그 순간의 그녀가 전부인 셈이다.

살면서 두 번 다시 만날 수 없는 사람도 있게 마련이다. 다도에서는 이를 일컬어 '일기일회―期―會'라고 한다. 일생에 단 한 번뿐인 인연, 참으로 멋진 말이 아닌가. 나는 이 말을 무척 좋아한다.

그렇기에 나는 화장한 여성의 모습을 부정하지 않는데, 문제는 화장하는 그 마음이 어떤 것이냐에 달려 있다. 여성들은 대체 무엇을 위해서 화장을 하는 것일까? 그 부분을 어떻게 생각하느냐에 따라서 문제는 달라진다. 그리고 나는 불교를 공부하는 사람으로서, 그 문제를 이렇게 받아들인다.

그것은 바로 보시의 마음이라 할 만한 것이다.

불교에 '보시'라는 말이 있다. 사전에는 '스님이나 혹은 가난한 이에게 물질을 베푸는 일'이라고 되어 있다. 하지만 베풂을 반드시 물질로만 해야 하는 것은 아니다. 전철에서 자리를 양보해주는 것도 훌륭한 보시이다. 부드러운 미소로 사람들을 대하고, 상냥하고 따뜻한 말을 남에게 건네는 일도 나무랄 데 없는 보시인 것이다.

여성이 단정하게 자신을 가꾸는 일 또한 훌륭한 보시인 셈이다. 물론 보기에 괴로울 정도의 진한 화장은 보시의 마음이라고 할 수는 없을 것이다. 보시란 남을 배려하고 생각하는 것이기 때문이다. 자기 혼자 즐기는 종류의 화장은 때로 다른 사람에게 불쾌감을 줄 수 있다. 그렇기에 보시가 되지 못하는 것이다. 그리고 집 안에서는 화장은커녕 후줄그레한 차림으로 지내다가, 밖에 나갈 때만 두꺼운 화장을 하는 여성들도 있는데, 그것은 대체 어떤 심사일까? 자신과 가장 가까운 사람인 남편에게 아름다운 얼굴을 보여주는 것이 곧 남편에 대한 애정이 아닐지.

어쨌거나 팍팍한 세상 속에 살면서 우리는 조금이라도 그 팍팍함을 누그러뜨릴 수 있도록 노력해야 한다. 그러한 노력이 바로 보시이며, 보시의 마음으로 행한 화장이 가장 아름다운 화장인 것이다.

"어쨌든 자네도 덕지덕지 두껍게 한 화장은 싫다는 말이지?"

친구는 옆에서 내 말을 그렇게 요약했다. 중요한 건 그 점이 아닌데….

"난 말이지, 남자의 경우도 마찬가지라고 생각해. 반듯한 몸가짐이나 예의란 게 있잖나. 예의바르게 행동하는 것, 그것 또한 보시지. 보시의 마음으로 행할 때, 그 예의가 바로 진정한 예의겠지. 마음이 그렇지 않다면 그것은 허례일 뿐일 테고…."

나는 그렇게 덧붙였다. 남성 동지들에게도 한마디 고언苦言을 잊지 않았으니, 그렇다면 나는 진짜 페미니스트가 아닐지….

◆ 남을 배려한다는 것

딸은 이제 중학교 2학년이다. 반 친구 중에 병약한 아이가 있다는 이야기를 들었다. 병약하다기보다는 아무래도 정신적인 문제인 듯하다. 몸이 나른하고 여기저기가 아프다… 그래서 학교를 자주 쉬게 된다. 일종의 등교 거부라고 해야 할까?

집이 가까이에 있다보니 딸은 매일 아침 그 친구를 부르러 간다. 그 친구가 학교를 쉬는 날에는 저녁에 다시 찾아가서 "내일은 꼭 학교에 같이 가자"는 말을 잊지 않는 모양이다. 일과처럼 매일 그렇게 하노라고, 아내가 나에게 귀띔해주었다. 저녁 식사 때의 일이다.

"예쁜 우리 딸!" 나는 아이에게 그렇게 말을 걸었다. "우리 딸, 참 착한 일을 하는구나. 아빠는 참 좋은 일이라고 생각해. 하지만 말이지, 좀더 생각해보아야 할 게 있는 것 같은데…."

'딸이 내 말을 얼마나 받아들여 줄까?'

그렇게 생각하면서 얼마쯤 신중하게 말을 골라가면서 이야기를 시작했다.

　분명 학교를 자주 쉬는 것은 좋지 않아. 따라서 네가 마음이 약해진 그 친구를 매일 찾아가서 내일은 꼭 학교에 같이 가자고 격려하는 것은 좋은 일이야. 너는 지금 그렇게 생각하고 있겠지. 그리고 자신이 하고 있는 일에 대해 아무런 의문도 갖고 있지 않을 거야. 왜냐하면 자신이 하는 일에 아무 잘못된 데도 없으니까 말이야.

　그렇지만 딸아, 잠깐만 이렇게 생각해보겠니. 학교를 자주 쉬는 그 아이는 어쩌면 집에서 쉬는 편이 더 행복하지 않을까라고 말이야. 아빠도 학교를 쉬는 건 좋지 않은 일이라고 생각해. 하지만 좋지 않은 일이긴 하지만, 그렇게 하지 않고는 살 수 없는 경우가 이 세상에는 얼마든지 있단다. 누구나 다 좋은 일만 하고 살 수는 없어. 남들보다 약한 사람도 있는 거야. 정신적인 힘이 약해서, 그만 학교를 쉬어야 하는 아이도 있는 거야. 나쁘다는 말을 듣더라도 어쩔 수가 없는 일이지.

　아빠가 하고 싶은 말은 바로 이것이란다. 나는 좋은 일을 하고 있다, 친구를 도와주고 있다, 이렇게만 생각했을 때는 아무래도 상대의 입장을 이해하기 어려워진다는 것이지. 그리고 자신이 잘못한 게 없으니 상대를 질책하는 마음이 되기도 쉬워지고. 아빠는 그게 가장 걱정이란다. 이럴 때는 어떻게 하는 게 좋을지, 아빠도 지금은 잘 모르겠구나.

　"아빠는 네가 학교를 쉬는 것이 꼭 그렇게 나쁜 것만은 아니라고 생각해 주기를 바란단다. 정말로 나쁜 일이란 어쩌면 이 세상에 존재하지 않는지도 모르니까 말이야. 가령 있다고 해도 정말 나쁜 사람이어서 그런 건 아닐지도 몰라. 왜냐하면 사람은 원래 약한 존재여서, 자신도 언제 잘못을 저지를지 모르니까 말이야. 이 이야기를 너에게 꼭 해주고 싶었단다."

 딸아이는 뭐가 뭔지 잘 모르겠다는 얼굴을 해 보였다. 무리도 아니다. 옳은 일만 하세요— 이제까지 인간을 어떤 틀 속에 가둬놓는 교육만을 받아왔으니, 나의 이런 말을 쉽게 이해할 수 없을 것이다. 나는 서두르지 않고 앞으로도 때때로 이런 이야기를 딸에게 들려주어야겠다고 마음먹었다. 언젠가는 내 말을 이해해줄 것이라고 믿고 있다. 아니, 이해하지 못한다면 정말 낭패가 아닐 수 없다. 왜냐하면 우리 아이들이 타인의 입장에서 진정으로 배려하는 마음을 꼭 가져주기를 간절히 바라기 때문이다.

웃는 얼굴과 따뜻한 말

화안애어和顏愛語라는 말이 있다. 언제나 온화한 미소로써 사람을 대하고, 남에게 따뜻한 말을 건네는 것을 일컫는다.《대무량수경大無量壽經》에 나오는 말이다.

세상은 살벌하다. 몸이 좀 닿았다고 해서 싸움을 벌이고, 자동차 운전 중에 사소한 말다툼을 벌이다가 살인까지 저지르는 게 지금의 세상이다. 학교 내 폭력은 이미 위험수위를 넘어섰다. 사람들의 마음에서 도무지 넉넉함을 찾아볼 수가 없다. 그렇기에 더더욱 화안애어가 필요한 것이다.

이것은 하려고만 하면 어렵지 않게 할 수 있는 보시이다. 보시는 절에 가서 시주를 하거나 스님에게 재물을 바치는 일로만 여기는 사람이 적지 않다. 물론 그 또한 보시지만, 그것만이 전부는 아니다.

그것과 또 하나, 재물이 아니더라도 얼마든지 말과 행동으로 보시를 할 수가 있는 것이다. 전철 안에서 노인이나 장애인에게 자리를 양보해주는 것도 보시이다. 운전을 하고 가다가 잠깐 자동차를 멈추고 보행자가 먼저 길을 건너도록 양보해주는 일 또한 마찬가지이다. 보시에는 참으로 여러 가지가 있다. 그와 같이 재물에 의하지 않는 보시 가운데, '화안열색시和顔悅色施' '언사시言辭施'라는 것이 있다. '화안열색시'는 미소를 띤 온화한 얼굴로 남을 대하는 것을, '언사시'는 부드러운 말로 남을 대하는 것을 일컫는다. '화안열색시'와 '언사시'를 합한 것이 바로 '화안애어'인 셈이다. 그렇기에 화안애어는 하려고만 마음먹으면 누구든지 할 수 있는 보시이다.

또한 그와 동시에 그것은 어지간한 마음가짐으로는 좀처럼 행하기 어려운 일이기도 하다. 우리는 자칫 불편한 마음이나 가슴속의 불만 등을 쉽게 얼굴에 드러내기 때문이다. 그럴 때는 남에게 따뜻하고 다정한 말을 건네기 어렵고, 그저 입을 꾹 다물고 있기가 십상이다. 우리는 흔히 택시를 타거나 하면 택시기사가 불친절하다고 불평하곤 하는데, 우리 쪽에서 먼저 기사에게 인사를 건네보는 것은 어떨까? 날씨가 좋다거나, 수고가 많다거나, 고맙다고 먼저 말하는 것이 바로 보시행이라 생각한다.

화안애어는 그것이 곧 불교 수행의 하나라고 마음먹을 때, 누구나가 할 수 있는 보시가 될 것이다. 그러한 인식 없이는 좀처럼 행하기 어려운 일일지도 모른다.

그렇기에 화안애어는 참으로 훌륭한 불교 수행의 하나인 셈이다. 그리고 각박하고 살벌한 현대의 도시생활 속에서, 지금 우리에게 그 무엇보다 필요한 불교 수행이 바로 그것이 아닐까 생각해보게 된다.

말없이 전하는 감사의 마음

　1981년 말부터 82년 초에 걸쳐 우리 가족은 유럽을 여행하고 돌아왔다. 다녀오고 나서 한동안은 여행의 추억담을 나누느라 이야기꽃을 피웠다. 그러다 한번은 팁 이야기가 나오게 되었다.
　"있잖아요, 로마에 있는 호텔에 묵을 때 첫날은 베갯머리에 돈 놓아두는 걸 잊었잖아요. 그랬더니 그 다음날은 침실 정돈을 완벽하게 안 해놓았더라구요."
　"그래, 첫날은 잔돈이 없었지."
　호텔에서 베갯머리에 돈을 놓아두는 것은 침대를 정리하는 메이드에게 주는 일종의 팁이다. 가이드북에 따르면 우리 돈으로 약 1,000원 정도가 적당하다고 한다. 로마에서는 그러한 잔돈이 없었기에 우리는 미처 팁을 놓아두지 못했다. 그러자 이튿날 침대 정돈에는 아무래도 허술한 구석이 있었다. 아내가 그 점을 지적한 것이다. '역시 타산적이로군….' 내가 그런 생각을 하고 있을 때, 딸아이가 물었다.

"그럼 다음날은 돈을 놓아두었나요?"

"아니, 두 번째 날도 생략했지."

"왜요?"

아들이 물었다.

"다른 곳으로 옮기느라 이제 더 이상 신세를 질 일이 없었으니까. 팁을 주려면 첫날 주었어야지."

"그렇게 나중에 팁을 주는 건 어딘지 이상한 습관이에요. 처음부터 주면 효과도 기대할 수 있을 테고, 받는 쪽에서도 더 기분 좋게 서비스할 수 있을 텐데 말이에요."

아내가 매우 합리적인 감상을 이야기했다. 나 또한 그 의견에 공감했다. 그런데 그때 퍼뜩 떠오르는 생각이 있었다. 그것은 바로 신란(親鸞) 성인(일본 불교 정토종淨土宗의 한 종파인 정토진종의 개조—옮긴이)의 말씀이다. 정토진종을 연 신란 성인은 이런 말씀을 남겼다. 우리가 염불을 외우는 것은 극락왕생을 위함이 아니다. 염불을 외워야겠다고 생각한 순간, 이미 우리는 구원을 받은 것이다. 우리가 염불을 외우는 것은 그렇게 해서 구원받은 데 대한 감사와 보은의 염불인 것이다.

염불과 팁을 연결시키는 것은 조금 별난 발상이긴 하지만, 나는 순간 이제까지 팁에 대해 잘못 이해해왔음을 깨달을 수 있었다.

영어의 팁tip이라는 말은 'to insure promptness' (신속함을 보증하기 위해)의 머릿글자를 딴 것이다. 어느 책에서 그렇게 적힌 것을 본 적이 있다. 나는 이제까지 그 말을 아무런 의심 없이 믿어왔는데, 다시 사전에서 확인해 보려고 하니 그런 어원 해석은 어디에도 나와 있지 않았다. 아무래도 내가 완전히 속아넘어간 모양이다.

긴 줄이 늘어서 있고 지루하게 차례를 기다려야 할 경우가 있다. 그런데 그때 팁을 건네면 훨씬 빨리 이쪽의 볼일을 처리해준다. 즉, 팁이 신속함을 보증해주는 것이다. 나는 이제까지 이런 식의 잘못된 어원 해석을 근거로, 팁의 목적이나 효용을 잘못 이해해왔던 셈이다. 이제까지 몇 번의 해외여행을 했는데, 늘 그런 기분으로 팁을 건네왔던 것이다.

하지만 그것이 목적이라면 팁은 미리 건네져야 한다. 이것은 팁 문화가 널리 확산되어 있지 않은 나라에 사는 탓인지도 모른다.

팁의 첫째 목적은 바로 감사이다. '그동안 도와주셔서 감사합니다' 하는 마음을 담아서 놓아두는 것이 바로 배갯머리의 팁이다. 눈에 보이지 않는 상대에 대한 감사의 마음이 거기에 담겨지는 것이다.

그러니까 나는 이제까지 지극히 기본적인 데서 서양인들의 관습을 잘못 이해해왔던 것이다. 어떻게든 보다 나은 서비스를 제공받기 위해서, 무언가 나에게 돌아올 것을 기대해서. 이런 점에서 나는 '이코노믹 애니멀'이었던 셈이다. 그리고 나를 포함해 많은 사람들이 순수한 감사의 의미를 잊어버리고 사는지도 모르겠다.

이탈리아의 한 호텔을 떠나올 때 베갯머리에 아무것도 놓아두지 않고 나온 나 자신이 갑자기 부끄러워지는 순간이었다.

◆ "당신의 방법은 온당치 않아"

　바나나를 사든 내 주위로 아이들이 잔뜩 몰려들었다. 인도에서는 바나나가 무척 싸다. 양손에 넘치도록 가득 사도 1,000원이나 2,000원 정도면 충분하다. 아이들에게 바나나를 하나씩 나누어주었다. 한 사람에게 하나씩 주고 싶었지만, 한꺼번에 수많은 손들이 우르르 몰려들어 어떻게 해볼 도리가 없었다.
　"자, 한 사람씩 차례로, 한 사람당 하나씩이다!"
　내가 그런 고급 힌두 어를 할 수 있을 리 만무하다. 그저 하나씩 하나씩(에크 에크)이라는 말만 되풀이하는 수밖에….
　인도의 고라크푸르. 네팔과 국경을 맞댄 동인도의 소박한 시골마을이다. 고라크푸르는 이번이 두 번째 방문이었다. 홀리 축제(추위와 더불어 묵은 해를 보내고 따뜻한 봄 날씨와 더불어 새해를 설계하는 일종의 송구영신 축제. 색色의 축제로 불림—옮긴이) 전날이어서 거리에는 활기가 넘쳤다.
　하지만 인도에서 지내다보면 이따금씩 얼굴을 찌푸리게 된다. 가난한 사람들이 너무도 많기 때문이다. 어디까지고 끝간 데 없이 쫓아오면서 '바쿠시시(적선)'를 외치는 목소리에 그만 주눅이 드는 경우도 있다. 그럴 때 나는 자신에게 이렇게 말한다. 이것은 정치적인 문제일 뿐이라고. 수많은 가난한 사람들을 개인의 선의만으로는 구원할 수 없다. 이들은 자선이 아닌, 행정에 의해 구제되어야 한다.

하지만 이곳 고라크푸르에 와서는 아이들에게 바나나를 나누어주어야겠다고 생각했다.

불교에는 보시라는 말이 있다고 했다. 신자들이 스님에게 재물을 바치는 것이지만, 반드시 스님에게 그렇게 해야만 하는 것은 아니다. 남에게 무엇인가를 나누어주는 것, 그것이 바로 보시인 것이다. 나도 그러한 보시를 행해야겠다는 생각이 들었다.

그렇게 해서 아이들에게 바나나를 나누어주기 시작했지만, 아이들 숫자가 너무 많아서 바나나를 모두에게 하나씩 나누어줄 수가 없었다. 중간에 바나나를 더 사와야 했는데, 개중에는 두세 개씩 받은 아이들도 있었다. 그런가 하면 아직 한 개도 받지 못한 아이들도 있었다. 그런 아이들이 여전히 나를 향해 손을 내밀었다. 나는 그만 지쳐버리고 말았다.

"이제 끝!"

나는 그렇게 말했다. 그러자 곁에서 보고 있던 한 인도인이 맹렬한 기세로 나에게 무슨 말인가를 쏟아놓았다. 너무 빠른 힌두 어여서 나는 그 말뜻을 알아듣지 못했지만, 어쨌거나 항의의 말인 것만은 느낄 수가 있었다. 인도인 가이드가 그 말을 통역해주었다. 그가 한 말은 "당신은 모든 아이들에게 바나나를 주어야 마땅하다"는 뜻의 질책이었다고 한다.

"바나나는 이제 없소."

"아직 팔고 있잖소."

"돈이 없소."

성가신 생각이 들어 나는 그렇게 대답했다. 그는 그런 나를 경멸 어린 눈빛으로 바라보면서 말했다.

"어쨌든 당신의 방법은 온당치 않아."

나는 울컥 기분이 상했다. 시혜를 베푼 나를 비난하다니, 그것이야말로 옳지 않다고 생각했기 때문이다.

하지만 돌아오는 비행기 안에서 나는 그 일을 떠올리며 스스로를 반성했다. 그 당시의 나는 상대가 나에게 오히려 보시를 행할 수 있는 기회를 주고 있는 것이라는 생각을 미처 하지 못했던 것이다.

본래 불교에서는 내가 당신에게 은혜를 베풀고 있다는 의식이 있어서는 진정한 보시라고 할 수가 없다고 가르친다.

보시를 베풀 수 있도록 허락해주었으니, 보시의 행위를 통해 감사해야 할 쪽은 보시를 행한 사람이지, 보시를 받은 사람이 아닌 것이다. 불교를 공부하고 있는 나에게는 그것이 상식임에도 불구하고, 여전히 현실에서는 그것을 실천하지 못하고 있었던 것이다. 내가 베풀었는데, 그런 나에게 불평을 하다니… 그런 생각을 갖고 있었으니, 나의 보시는 제대로 된 것이 아니었던 셈이다.

  뒤늦게나마 거기에 생각이 미치자, 나는 문득 그 인도인이 그리워졌다. 다시 한번 인도로 들어가서 그를 만나고 싶어졌다.

◈ 보시는 작은 친절이 아니다

재미있게 읽은 일화가 있다.

한 스님이 숲에서 좌선을 하고 있었다. 점심때가 되자 스님은 가져온 밥을 먹으려고 했다. 그때 그 옆으로 원숭이 한 마리가 다가왔다. 스님은 점심을 원숭이에게 나누어주었다. 그리고 이튿날도, 그 다음날도 원숭이는 나타났고, 스님은 마찬가지로 원숭이에게 점심을 나누어주었다. 원숭이는 이제 완전히 스님을 따르게 되었고, 점심때가 되면 꼬박꼬박 스님 옆자리에 앉게 되었다.

몇 달이 지난 어느 날의 일이다. 스님은 그날 그만 깜빡 잊고 점심을 가져오지 않았다. 하지만 어쩌다 한 끼를 안 먹는다고 해서 큰일날 일도 없었으므로, 그대로 스님은 숲으로 가서 좌선을 행했다. 점심때가 되자, 역시 원숭이가 찾아왔다. 언제나처럼 원숭이는 스님이 점심을 나누어주기를 기다리고 있었다. 그런데 오늘은 밥이 나오지 않았다. 원숭이는 재촉하기 시작했다. 스님의 옷자락을 잡아당기며, 손을 내밀었다.

"오늘은 점심을 가져오지 않았다."

하지만 원숭이가 이 말을 알아들을 리 없었다. 원숭이는 스님이 어딘가에 점심을 숨기고 있다고 생각해서 옷자락 여기저기를 뒤지기 시작했다. 스님은 조금 귀찮아져서 "쉿, 쉿!" 하면서 원숭이를 쫓았다. 하지만 원숭이는 계속해서 끈질기게 졸랐다. 참다 못한 스님은 주변에 있는 나무 막대기를 주워 원숭이에게 던졌다. 원숭이에게 약간 겁을 주려 했던 것뿐이었다. 하지만 원숭이는 그만 스님이 던진 막대기에 맞아 그 자리에서 죽고 말았다.

이것은 《구잡비유경舊雜譬喩經》이라는 경전에 나오는 이야기이다. 나는 이 이야기가 중요한 것을 우리에게 가르쳐주고 있다고 생각한다.

대체 스님은 무슨 마음으로 원숭이에게 점심을 나누어주었던 것일까? 여기서는 그것이 핵심이다.

만약 그가 그것을 보시행, '보시바라밀'이라 인식하고 행했을 경우, 그는 도시락을 잊어버리거나 하는 일은 없었을 것이다. 그것을 잊으면 보시행이 되지 않기 때문이다. 보시행은 자신의 수행이므로, 잊어버릴 리가 없는 것이다. 그리고 만에 하나 그가 도시락을 잊고 왔다면 진심으로 원숭이에게 사과를 했어야 한다. 성심성의껏 용서를 구했어야 한다. 무슨 일이 있어도 원숭이를 향해 막대기를 던지거나 해서는 안 되었다.

보시란 바로 그런 것이다.

수데나 태자의 보시행

　수데나(須太拏) 태자의 보시행은 이웃 나라에까지 그 소문이 자자하게 퍼져 있었다. 남에게 청함을 받으면 무엇이든 내어주는 태자의 선량한 마음씨를 이용하여, 이웃 나라의 왕은 태자에게 그 나라의 자랑이며 보물인 흰 코끼리를 빼앗아가버렸다. 하지만 그 흰 코끼리는 태자의 나라를 지키는 데 없어서는 안 될 것이었으므로, 군신들은 태자의 국가에 대한 배신행위를 거세게 비난했고, 그러한 죄를 물어 부왕은 태자를 21년 동안 단특산檀特山으로 추방했다. 태자는 그 덕을 사모하는 왕비와 2명의 아이를 데리고 도성을 떠났다.
　태자는 가는 도중에 여러 사람을 만나게 되는데, 그들은 모두 태자에게 보시를 청한다. 보석에서부터 입고 있는 옷까지, 그는 모든 것을 주어버렸으며, 최후에는 자신이 타고 가던 마차와 말까지도 내어주고 결국은 맨몸으로 산 속으로 들어가게 된다. 이들 네 사람은 산 속에서 나무와 풀을 엮어 초막을 지었으며, 자연을 벗삼아 평화롭게 지냈다. 그러던 어느 날 마지막으로 한 명의 바라문이 초막을 찾아왔고, 그는 태자에게 보시를 청한다. 줄 것이 아무것도 없었던 태자는 두 자식을 노예로 쓰도록 하는 보시를 그에게 베풀었다. 바라문은 두 아이를 줄에 묶어서 채찍을 휘두르며 데리고 떠나갔다. 그 광경을 지켜보는 태자의 두 눈에서는 눈물이 그칠 줄 모르고 떨어져 내렸다.

이 태자는 세존의 전생 모습이며, 불교설화집인 《본생담本生譚》에서 그 이야기를 찾아볼 수 있다. 물론 이야기는 여기서부터 급변하여, 마침내 태자와 비는 행복한 모습으로 왕성으로 귀환하고 사랑스러운 두 아이와 재회한다는 해피 엔딩이 마련되어 있다.

그런데 나는 이 이야기가 지나치게 과장되어 있다고 생각해서 이제까지 그다지 깊이 생각해본 적이 없었다. 이런 이야기는 아이들 상대의 교훈담이라 여겨왔던 것이다. 하지만 바로 그 리얼리티가 결여되어 있는 데에 보시행의 본질이 있다는 것을 처음으로 깨닫게 되었다.

왜냐하면 보시라는 것은 대승불교의 보살이 실천해야 할 6가지의 행(육바라밀)의 하나인 것이다. 그렇기에 그것은 어지간한 노력과 결심으로 행할 수 있는 일이 아니다. 극단적인 경우, 상대가 청하면 자신의 자식까지도 노예로 내어주어야만 하는 것이다. 그런 만큼의 결심을 굳힌 보살이어야만 비로소 보시행을 완전하게 실천에 옮길 수가 있다. 수데나 태자의 이야기는 바로 이러한 점을 우리에게 가르쳐주고 있는 것이다.

세상의 모든 어머니는 지옥으로 간다

우란분회盂蘭盆會라고 하는 불사 공양의 전거가 되는 것으로《우란분경盂蘭盆經》이 있다.

불제자인 목련존자目連尊者는 돌아가신 부모님의 은혜에 보답하기 위해, 신통력을 발휘하여 아귀도에 빠져 고통받는 어머니를 구제하려고 했다. 그러나 아귀도에 빠진 어머니에게 존자가 내미는 음식은 어머니의 입에 닿기도 전에 모두 불로 변해버렸으므로, 어머니는 이를 먹을 수가 없었다. 존자는 이를 몹시 슬퍼하며, 부처님에게 조언을 구했다. 부처님은 이렇게 말씀하셨다. 7월 15일, 하안거가 끝나는 날에 음식과 의복, 등촉, 평상 등을 갖춰 시방(十方, 불교에서, 동·서·남·북의 사방과 건乾·곤坤·간艮·손巽의 사우四隅 및 상하를 아울러 이르는 말. 십방—옮긴이)의 고승대덕高僧大德들에게 공양하면, 그들의 도움을 얻어 어머니를 고통에서 구할 수 있다고. 목련존자는 부처님의 가르침대로 따랐으며, 수많은 스님들이 부모님의 성불을 위해 빌어주었다. 이렇게 해서 그 공덕에 의해 존자의 어머니는 아귀의 괴로움에서 벗어날 수 있게 되었다.

 이것이 《우란분경》의 줄거리이며, 이 고사에 기초하여 불교에서는 우란분 공양이 행해져왔다.

 아귀도란 배고픔과 목마름으로 고통받는 세계이다. 전생의 죄업과 탐욕으로 인해, 인간의 사후에 이 세계에 태어난다. 알기 쉽게 말하면, 지옥의 일종이라 할 수 있다. 지옥 가운데서도 특히 기아의 고통에 허덕이는 세계가 바로 아귀도이다.

 그렇다면 어째서 목련존자의 어머니는 아귀도, 즉 지옥에 떨어진 것일까? 이 점에 관해서는 경전에 아무런 설명도 되어 있지 않다. 따라서 나는 상상력을 발휘할 수밖에 없다. 존자의 어머니는 어떠한 악업을 쌓았던 것일까?

 그것은 그녀의 간탐慳貪 때문이다. 간탐은 물건을 탐하고 욕심이 깊은 것을 말한다. 존자의 어머니는 그런 간탐의 여인이었다고 생각할 수도 있다. 그렇지만 나는 왠지 그렇게 생각하고 싶지 않다. 그래서는 이야기의 함축성이 사라져버린다. 나는 보다 깊은 곳에서 그 이유를 찾고 싶다. 그렇다, 나는 그렇게 생각한다. 목련존자의 어머니뿐만이 아니라, 세상의 모든 어머니인 여성들은 필연적으로 사후에 지옥으로 떨어질 수밖에 없는 것이라고.

 그 이유는 이렇다.

 어머니여, 그대는 자식에 대한 애정으로 인하여, 그 사랑에 이끌려 이미 수많은 악업을 저지르지 않았는가. 그대의 자식이 이웃의 말썽꾸러기에게 괴롭힘을 당했을 때, 분명 그대는 남의 자식인 그 아이를 미워하고, 그 목을 졸라버리고 싶은 충동을 느꼈을지도 모른다. 어머니여, 그대의 사랑하는 자식이 배고파 울고 있을 때, 그대는 다른 아이의 먹을 것을 빼앗지는 않았는가. 내 자식이 남의 것을 훔치는 죄를 저질렀을 때, 어머니인 그대는 자신의 아이를 감싸며, 함께 허언虛言의 죄를 범했을 것이다. 그것이 바로 이 세상 모든 어머니의 모습이며, 그런 어머니라면 사후에 태어나는 세계가 지옥이나 아귀도 이외에 달리 무엇을 생각할 수 있겠는가. 그것이 어머니인 여성의 슬픈 숙명인 셈이다.

  이와 같은 의미에서 목련존자의 어머니가 아귀도에 빠졌다고 하더라도 그것은 전혀 이상한 일이 아닌 것이다. 너무도 당연한 일이기에, 경전에 그 설명이 들어 있지 않는지도 모른다. 나는 그렇게 생각했다. 그러자 우란분회라는 불교행사가 지옥으로 떨어진 부모에 대한, 혹은 반드시 지옥으로 떨어지고야 말 부모들에 대한 우리의 감사의 표시임에 다름없다는 사실에까지 생각이 미치게 되었다. 그리고 동시에 언젠가는 나 또한 사후에는 지옥으로 가야만 한다는 사실을 얼마쯤은 서글픈 마음으로 떠올려보는 것이다.

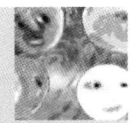

| 제2장 |

지계持戒

계율이 당신을 지켜준다

지계持戒란 계를 지키는 일이다. 재가 불자에게는 다음의 5계가 주어져 있다.

1. 불살생(不殺生, 살아 있는 것을 죽이지 말라)

2. 불투도(不偸盜, 도둑질하지 말라)

3. 불사음(不邪淫, 음행을 저지르지 말라)

4. 불망어(不妄語, 거짓말하지 말라)

5. 불음주(不飮酒, 술을 마시지 말라)

그러나 이와 같은 계를 완전하게 지키기란 거의 불가능한지도 모른다. 그러기에 인간은 종종 계를 깨뜨리는 경우가 있다. 때문에 계를 깨뜨렸을 때의 참회와 반성의 마음이 그 무엇보다 필요하다.

❋ 계는 깨뜨리기 위해서 존재한다

재가 불자들이 지켜야 할 '계'에는 다음의 5가지가 있다.

1. 불살생(살아 있는 것을 죽이지 말라)
2. 불투도(도둑질하지 말라)
3. 불사음(음행을 저지르지 말라)
4. 불망어(거짓말하지 말라)
5. 불음주(술을 마시지 말라)

그렇다면 5계는 대체 '무엇을 위해' 정해져 있는 것일까? 만약 이렇게 묻는다면, 대부분의 사람들을 아마도 이렇게 답할 것이다.
"그야 뻔하지 않습니까, 당연히 그것을 지키기 위해서지요."
하지만 그렇게 간단하게 답하기 전에 잠시 생각해보아야 할 문제가 있다. 예를 들어, '거짓말하지 말라'고 하는데, 애당초 '거짓말'이란 무엇일까를 생각해보자. 근사한 넥타이를 고른 손님이, "어때요? 이거 내가 매도 잘 어울립니까?"라고 백화점의 점원에게 묻는다. 그러자 점원이 "예, 아주 잘 어울리시는데요"라고 답했다면, 그것은 거짓말이라고 해야 할까? 그것을 엄밀하게 거짓말이라고 정의한다면, 우리는 일상의 인사조차도 제대로 할 수 없을지도 모른다.

불망어계뿐만 아니라, 살아 있는 것을 죽이지 말라는 불살생계 역시 파리나 모기도 죽여서는 안 되는 것이다. 또한 도둑질하지 말라는 불투도계에서는 자신에게 불필요한 것을 지니고 있는 것 역시 도둑질이라고도 일컬어진다. 그렇기에 인간이 완전하게 5계를 지키기란 불가능한 것이 아닐까?

따라서 좀 지나친 억지일 수도 있지만, '계'란 바로 깨뜨리기 위해 있는 것이지, 지키기 위해서 있는 것이 아니라는 자조적인 생각까지 드는 것이다. 그렇다. 실은 그것으로 족한 것이다. 독자들이 설마라고 생각할 테지만, 5계는 깨뜨리기 위해 있는 것이다. 그것이 정답이다. 왜냐하면 5계는 '계'이지, '계율'은 아닌 것이다.

'계'와 '계율'은 다르다. '계'는 규칙을 지키려는 자발적인 마음의 작용이다. 이에 비해서 '율'은 타율적인 규범이다. 교단의 질서를 유지하기 위해서 이런저런 파계행위를 한 자에게는 이러이러한 벌을 내린다고 하는 벌칙규정이 '율'인 것이다. 따라서 '계율'은 교단 내부의 사람들, 즉 출가자에게만 적용되며, 재가 불자들에게는 '율'이 없는 '계'만이 주어져 있다.

바꾸어 말하면, 입원 환자를 속박하는 것이 '계율'이며, 그것이 병원의 규칙과 같은 셈이다. 하지만 입원하지 않는 사람에게는 그러한 규칙은 적용되지 않는다. 재가 불자에게는 벌칙규정이 적용되지 않는 것이다. 그것은 재가 불자에게는 계를 완전하게 지켜낼 힘이 없기 때문이다. 완전하게 지켜낼 힘이 없는 인간에게 무리하게 계를 강요하고, 그것을 깨뜨렸다고 해서 벌을 내린다. 그렇게 무익한 일을 하지 않기 위해서 석가세존은 재가 불자들에게는 '율'을 적용시키지 않았던 것이다. 재가의 사람들은 계를 어겨도 괜찮다. 아니, 어길 수밖에 없다. 세존은 그렇게 여기셨던 것이다.

재가 불자들에게 계는 깨뜨리기 위해서 있다— 이상하게 들릴지 모르지만 그것이 석가의 진의였다.

사계捨戒의 편법

　원시불교 교단에 난디야라는 비구승이 있었다. 그는 성실한 비구로, 항상 좌선에 힘썼다. 그러던 어느 날 그가 좌선에 들었을 때, 어디선가 선녀 하나가 나타나 그를 유혹하기 시작했다. 그로 인해 난디야는 그만 자신의 욕정을 참아내지 못하고, 결국 죽은 말에게서 자신의 욕망을 해소했다. 그것은 수간이며, 게다가 시간屍姦이기도 했다.
　비구의 간음은 바라이죄波羅夷罪에 해당한다. 바라이죄란 교단으로부터의 추방을 뜻하는 최고의 중죄이다. 난디야는 자신의 파계를 깊이 뉘우치고, 곧장 세존께 찾아가 자신의 잘못을 참회했다. 세존은 그를 위로하며, 비구의 자격은 박탈하지만 교단에 남아 수행을 계속하는 것만은 허락했다. 그리고 앞으로는 다시 그런 일이 없도록 '사계捨戒의 편법'을 제정하셨다.
　사계의 편법이란 도저히 계를 지킬 수 없게 됐을 때에는 계를 버리라는 것이다. 일단 계를 버리고, 파계의 행위를 한다. 계를 버리면 그는 더 이상 교단에 속한 사람이 아니기 때문에, 파계행위를 하더라도 벌칙이 부과되지 않는다. 그렇게 해서 후일 다시 수계를 하고, 출가자가 되면 된다는 것이다. 그러한 방법을 세존께서 제시한 것이다. 이른바 타임을 거는 방식이라 하겠다.

내가 학창 시절 기숙사에서 지낼 때, 재미있는 친구녀석이 있었다. 그는 베니어판에 '금주'라고 쓴 팻말을 만들어서 그것을 자기 방 벽에 걸어두었다. 워낙 술을 좋아하는 친구였기에, 우리는 작심삼일이 될 것이 뻔하다고 그를 놀려주었다. 그리고 그를 더 놀려줄 생각에 당장 한잔 하러 나가자고 꼬드겼다.

"그래, 좋아!"

그는 단숨에 이렇게 대답하더니, 그 금주 팻말을 뒤집어놓았다. 그런데 아뿔싸, 팻말을 뒤집으니 거기에는 '임시 휴업'이라는 글자가 적혀 있었다. '사계의 편법'이란 바로 이 '임시 휴업'의 방법인 것이다.

그러나 그것으로 족하다. 그것으로 괜찮다고 세존께서 말씀하신다. 재가 불자뿐만 아니라, 출가자라 하더라도 계를 완전하게 지켜나갈 수 없을 가능성이 있음을 세존은 인정하고 계셨다. 그리고 이렇게 파계의 방식을 생각해내신 것이다. 그러기에 깨뜨리기 위해서 계가 존재하는 것이다. 그것이 불교의 계이다.

부처를 만나면 부처를 죽여라

 그러한 것이 계라면 있으나 마나 한 것이 아닌가? 이렇게 생각할 사람들이 있을지 모른다. 하지만 그것은 좀 다르다. 인간이 완벽하게 계를 지켜나가기는 어렵다. 그렇기에 더더욱 계가 필요한 것이다!
 우리는 자칫 종교적 이상과 도덕을 혼동하는 경향이 있다. "아버지, 엄마한테 좀 잘해드리세요" 하는 것은 도덕이다. 그것은 하려고만 하면 대부분의 사람들이 실천할 수 있는 일이다. 그러나 종교적 이상이란 예를 들자면, 기독교에서 말하는 "원수를 사랑하라"는 그런 것이다. 아마도 이를 온전히 실천할 수 있는 사람은 그리 많지 않을 것이다. 절대적인 인간, 완전한 인간만이 그것을 할 수 있다. 종교적 이상이 대부분의 사람들에게 실현 불가능한 일임을 잊고(혹은 알지 못하고) 천연덕스럽게 "당신의 원수를 사랑하시오"라고 설교하는 가짜 종교가가 있다. 만약 자신의 눈앞에서 아내가 강간을 당하고 있다고 가정해보자. 그는 과연 그 범인을 사랑할 수 있을까? 또한 자기 자식을 죽인 유괴범을 사랑할 수 있는 사람이 있을까? 한번 곰곰이 생각해보기 바란다. 누구에게나 불가능한 일이기에, 그것은 종교적 이상인 셈이다.

대부분의 사람들이 할 수 있는 일이라면, 그것은 이상이 아니다. '작은 친절'은 누구나가 할 수 있기에 기만欺瞞이다. 반면 완전한 '보시'는 누구나 할 수 없는 것이기에 이상이다. 우리는 자칫 그러한 점을 혼동하기 쉽다. 물로 희석시킨 종교적 이상, 즉 도덕이라 부를 만한 것밖에는 행하지 못하는 것이다.

《신약성서》의 구절 중에 다음과 같은 것이 있다.

"내가 세상에 화평을 주러 온 줄로 생각지 말라. 화평이 아니요, 검을 주러 왔노라. 내가 온 것은 사람이 그 아비와, 딸이 어미와, 며느리가 시어미와 불화하게 하려 함이니, 사람의 원수가 자기 집안 식구리라."(《마태복음》 10장 34~36절)

예수에게 있어서 세상의 도덕 따위는 아무래도 좋았다. 정도를 지켜나가기 위해서 우리에게 가장 걸림돌이 되는 사람들은 어쩌면 자신과 가장 가까운 사람일지도 모른다. 그렇기에 예수는 어떤 경우에도 "아버지, 엄마한테 좀 잘해드리세요" 하는 말 따위는 결코 하지 않았을 것이다.

불교에서도 마찬가지이다. 위에서 인용한 예수의 말과 대비시켜보자면, 중국 당나라 때의 선승인 임제의현臨濟義玄도 이와 비슷한 이야기를 한 바 있다.

"수행자들이여, 그대들이 불교에 대한 올바른 견해를 갖고자 한다면 남에게 미혹되어서는 안 된다. 안으로든 밖으로든 만나는 것은 모두 끊으라. 부처를 만나거든 부처를 죽이고, 조사를 만나거든 조사를, 아라한을 만나거든 아라한을, 부모를 만나거든 부모를 죽여라. 즉, 만나는 모든 것을 끊어냄으로써, 비로소 해탈에 이르는 것이다."

깨달음에 방해가 되는 것이면 부처든 부모든 무엇이든 죽이라는 것이다. 무릇 비도덕적이라 할 수도 있으나, 종교란 바로 그런 것이다. 종교와 도덕은 전혀 다른 것이다. 우리는 자칫 이러한 점을 잘못 받아들이기 쉽다.

어쨌거나 인간은 계를 완전하게 지켜나가기가 불가능하다. 계뿐만이 아니라, 모든 종교적 이상이 그러하다. 그렇다면 그 누구도 지키지 못하는 계(종교적 이상)는 무엇에 도움이 된다는 말인가? 대체 무엇을 위해 계가 존재하는 것일까?

답은 간단하다. 인간이 자신을 반성하기 위해 존재하는 것이다. 불교는 그것을 '참회'라고 부른다. 참회란 죄를 저지를 수밖에 없었던 약한 자신을 반성하고, 그리고 남에게 용서를 구하는 일이다.

살아 있는 것을 죽이지 말라— 세존께서 그렇게 가르치신 것은, 죽이지 않고는 살 수 없는(우리는 고기를 먹고 사는 동물이다) 자신의 나약함을 참회케 하기 위함이다. 자신이 약한 인간이기에 우리는 타인 역시 약한 인간임을 인정해야만 한다. 그리고 자신이 타인으로부터 용서받고, 자신은 타인을 용서하고, 서로 그렇게 용서하면서 사는 것이 우리가 이 세상을 살아가는 법칙이다. 그러기 위해서 계가 존재하는 것이다.

업과 숙업

업과 숙업宿業이란 말은 어째서 이렇게 어두운 울림을 지니고 있는 것일까? 그 어둠으로 인해 불교는 때로 숙명론으로 해석되는 경우도 있다. 하지만 그것은 잘못된 해석이다. 불교는 숙명론이 아니다.

너무 비속한 비유여서 송구하고, 또한 불음주계를 두고 있는 불교를 설명하면서 음주를 예로 드는 것이 어떨까도 싶다. 하지만 이렇게 설명하는 것이 가장 알기 쉬울지도 모른다.

술을 마시기 시작할 때 대부분의 사람들은 적당한 양을 마시겠다고 생각할 것이다. 처음부터 이성을 잃을 정도로 마시겠다고 생각하면서 술잔을 드는 경우는 거의 없다. 하지만 술을 마시다보면 대부분의 사람들이 도를 넘어서게 된다. 어느 사이엔가 자신도 모르게 술에 취해 추태를 보이기도 하고, 결국 그 다음날까지 숙취로 괴로워하게 된다. 처음에는 사람이 술을 마시고, 이윽고 술이 술을 마시다가, 나중에는 술이 사람을 마시게 된다―옛사람들이 이런 명언을 남긴 바 있다. 나는 이 경구가 의미하는 바를 뼈저리게 느끼고 있으며, 그리고 그것이 업을 설명하고 있다고 한다면 너무 지나친 이야기가 될까?

불교사전에 따르면, 업은 '행동'인 동시에 '힘'이라고 설명하고 있다. 내가 한 잔의 술을 마신다— 그 단순한 행위 자체가 이미 업이며, 그 행위는 그것으로만 끝나지 않는다. 기분 좋은 취기가 돌면서 한 잔의 술을 더 탐하게 된다. 그것이 바로 술이 술을 마시게 되는 이유인데, 맨 처음 한 잔을 마시는 행위가 저절로 하나의 힘이 되어 다음 행위를 촉발시키는 것이다. 이러한 '힘' 또한 '업'인 셈이다. 따라서 업이란 술을 마시는 행위인 동시에, 그 행위가 지닌 힘을 의미하는 것이기도 하다. 그리고 어떠한 행위이든, 모든 인간의 행동은 그러한 힘, 즉 업을 포함하고 있다.

예를 들어, 별 생각 없이 하게 된 아주 사소한 거짓말, 그리고 그 거짓말을 호도하기 위해 우리는 또 다른 거짓말을 하지 않을 수 없는 처지에 놓인다. 거짓말이 거짓말을 불러오게 되고 상황은 걷잡을 수 없이 커져간다. 그리고 그와 동시에 자신이 한 거짓말을 잘 기억해두어야만 한다. 그렇지 않으면 다음에 거짓말을 했던 그 상대와 만났을 때, 자신도 모르는 사이에 스스로 거짓말을 폭로하는 결과를 초래할지도 모르기 때문이다. 또 애써 예전의 그 거짓말을 잘 기억하고 있다고 하더라도, 그 거짓말에 맞추어 조리있게 상대와 대화를 이어간다는 것은 얼마나 힘든 일인가.

처음부터 그런 거짓말을 하지 않았더라면 좋았을 것을.
우리는 종종 그런 후회의 마음을 갖게 된다. 그것이 바로 업의 힘이다.

혹은 우리가 애정이라고 부르는 것, 남자가 여자를 좋아하고 여자가 남자에게 사랑을 느끼는 일. 세상에 많고 많은 그런 시작들이 때로는 두 남녀를 충동으로 몰아넣고, 결국 무거운 업의 진창 속에 빠뜨리고 만다. 아니, 그런 파국적인 애정만이 업의 결과는 아니다. 평범한 남녀의 애정조차도 그것은 그 나름의 업의 결실인 것이다. 업이란 바로 그런 것이다.

따라서 오해를 무릅쓰고 감히 말한다면, 업이란 현대물리학에서 말하는 에너지에 상당한다고도 볼 수 있다. 과거에 행한 행위의 필연적 결과로서, 인간으로 하여금 다음 행위로 옮겨가게 하는 에너지, 그것이 바로 업이다. 이렇게 단언한다고 해도 크게 잘못된 것은 아닐 것이다.

윤회전생과 당구 이론

　스리랑카의 불교학자인 쿠마라스와미는 업 또는 윤회전생을 당구에 비유해 재미있게 설명한 바 있다.
　우리는 큐로 공을 친다. 그러면 공은 굴러가기 시작한다. 물리학적으로는 이 공의 질량과 속도의 곱을 운동량이라 하는 것 같다. 에너지라고 해도 좋다. 공은—일단 붉은 공이라고 해두자—일정한 운동량(에너지)을 갖고 굴러가기 시작한다. 그리고 이어 한 줄로 늘어서 있는 흰 공의 줄에 부딪친다. 아니, 부딪치도록 붉은 공을 친 것이다. 그때 붉은 공이 거기서 정지하고, 이어 한 줄로 늘어서 있던 흰 공 줄의 맨 앞쪽 공이 움직이기 시작한다. 이때 붉은 공이 갖고 있던 에너지는 모두 흰 공으로 옮겨진다. 물리학에서는 그렇게 가르치고 있다.
　바로 이것이 불교에서 말하는 윤회전생의 가르침이라고 쿠마라스와미는 말하고 있다. 붉은 공은 현세를 살아가는 우리의 육체, 그리고 그 운동량은 우리가 만들어낸 업의 힘(에너지)이다. 업은 우리의 육체가 현세에서 완전히 소멸되어버린 뒤에도, 여전히 그 힘이 고갈되지 않고 내세로 전달된다. 이 당구공의 비유에서는 내세의 존재가 바로 흰 공으로 표현되는 셈이다.

참으로 적절한 설명이라 하지 않을 수 없다. 그것은 불교가, 적어도 인도의 불교는, 다른 인도 사상과 마찬가지로 윤회전생설을 인정하면서도 다른 한편에서는 영혼의 존재를 부정해왔기 때문이다. 그렇다면 무엇이 윤회하는 것일까? 내세에 태어나는 '나'는 대체 어떤 '나'일까?

그러한 물음에 대해서 과거의 불교사상가는 촛불의 비유로 답하는 것이 고작이었다. 한 자루의 초가 다 타더라도 그 초의 불은 다른 초로 옮겨갈 수 있다. 그렇기에 현세의 이 육체가 전부 소멸된 뒤라도 우리가 지은 업화業火는 다음의 존재로 이행되는 것이라고 설명해왔다.

나는 촛불의 비유보다 쿠마라스와미의 당구의 비유가 훨씬 이해하기 쉽다. 촛불의 경우는 아무래도 두 자루의 초가 동시에 존재하는 순간이 있어야 하기 때문이다. 어떤 것에 천착하기를 좋아하는 나는 그런 사소한 것에 구애되어 마음이 편치 않았다. 하지만 당구의 비유에는 그러한 문제점이 없다. 업이라는 에너지가 별개의 물체(육신)로 전달되는 과정이 멋지게 설명되어 있다.

그렇지만 이 경우라도 우리는 윤회전생설을 있는 그대로 모두 믿을 필요는 없다. 업이라는 일종의 에너지가 우리의 죽음에 있어서조차 소멸되지 않는다는, 그 정도의 주장이라 받아들이면 된다고 생각한다. 그렇게 되면 에너지의 불멸성을 주장하는 현대물리학의 학설과도 모순되지 않는다. 아니, 업이 에너지라 한다면, 그 에너지가 우리 육신의 죽음과 함께 고갈된다고 생각하는 편이 오히려 비과학적이라고 할 수 있을 것이다.

❋ 인간이란 무엇인가

인간이란 무엇인가?

이 물음에 내가 맨 처음 떠올린 것은 《신약성서》 가운데 〈로마서〉의 한 구절과, 《탄이초歎異抄》 가운데 신란 성인의 말씀이다. 우선 《신약성서》부터 인용해보기로 하자.

"나의 행하는 것을 내가 알지 못하노니, 곧 원하는 이것은 행하지 아니하고 도리어 미워하는 그것을 함이라. 만약 내가 원치 아니하는 그것을 하면 내가 이로 율법의 선한 것을 시인하노니, 이제는 이것을 행하는 자가 내가 아니요 내 속에 거하는 죄니라."(〈로마서〉 7장 15~19절)

잘 알다시피 이 〈로마서〉의 작자는 초기 기독교 교회의 가장 뛰어난 선교사라 일컬어지는 바울로이다. 그렇지만 바울로는 처음부터 기독교도는 아니었다. 오히려 그는 처음에는 기독교의 박해자였던 것이다. 박해를 위해 다마스쿠스로 향하던 도중, 그는 자신의 귀를 통해 예수 그리스도의 음성을 듣고는 박해자에서 선교사로 변신한다. 따라서 《신약성서》 안에서 이야기되어지는 바울로의 비통한 말들은 그의 그러한 기적의 체험 속에서 나온 것들이다.

　선을 바라면서도 여전히 악을 행하는 인간, 그토록 약한 본성을 지닌 인간. 바울로는 그와 같은 인간의 나약함을 자각하고, 또한 선에 의해서밖에 구원될 수 없는 자신을 발견하게 되었던 것이다.

　불교에서도 신란 성인이 이와 똑같은 이야기를 하고 있다. 제자인 유원방을 상대로 다음과 같은 문답을 행한다.

　"유원방이여, 그대는 나의 말을 믿을 수 있는가?"

　신란 성인은 어느 날 이런 이상한 말씀을 하셨다. 제자의 대답이 이를 긍정하는 것이었음은 두말할 나위도 없다.

　"그렇다면 극락왕생을 위해 1,000명의 사람을 죽여라. 그렇게 하면 극락왕생이 틀림없을 테니…."

　"그리 말씀하셔도 단 한 사람도 죽일 수는 없습니다."

　"자, 그렇다면 어째서 너는 내 말을 믿는다고 말하였느냐!"

　스승은 그렇게 제자를 엄하게 꾸짖었다. 그러면서 신란 성인은 이렇게 말씀하셨다.

　사람을 죽인다는 것은 최대의 악행이라 할 수 있다. 그렇지만 우리가 그러한 악행을 행하지 않고 살아갈 수 있는 것은 우리가 특별히 선인이기 때문이 아니다. 다만 다행스럽게도 사람을 죽이지 않고 살 수 있는 환경이 놓여 있기 때문이며, 때로 경우에 따라서는 우리가 살인자가 되지 말란 법도 없는 것이다. 그렇기에 불행에 빠져서 죄를 범한 사람일지라도, 그는 숙업 탓에 그렇게 된 것이다.

숙업, 이것은 참으로 무서운 말이다. 받아들이기에 따라서는 신란 성인의, 그리고 불교의 사상을 완전히 오해하는 결과를 낳을 수도 있다. 그럼에도 불구하고 신란 성인은, 또한 불교는 굳이 숙업이라는 말로 이야기하려는 것이다. 왜냐하면 우리 인간이 지닌 오만함을 경계하기 위해서는 이 말 이외에 달리 더 좋은 말이 없기 때문이다.

거짓말은 용서받지 못한다

불전을 읽고 있노라면 곳곳에 "존사尊師는 침묵으로써 동의를 나타냈다"라는 정형화된 표현이 있다. 여기서 '존사'는 물론 석가세존을 일컫는 것이다.

세존은 재가 불자로부터 초대를 받으셨을 때, 만약 형편이 여의치 않아 참석하지 못할 경우에는 분명하게 '노!'라고 답하셨다. 하지만 반대로 응낙의 경우, 세존은 절대로 '예스'라고 말씀하시지 않으셨다. 다만, 침묵하셨을 뿐이다. 그러한 침묵이 세존의 응낙 의사를 표명하는 것이었다.

그런데 왜 세존은 분명하게 예스라고 말씀하시지 않았던 것일까? 그것은 바로 질병이나 사고로 인해, 혹은 피치 못할 일이 생겨서 그 약속을 지키지 못할 사태를 염려하셨던 것이다. 그렇기에 세존은 약속에 해당되는 일들을 되도록이면 피하려 하셨다.

꼭 그렇게까지 엄격하게 생각하지 않아도 되지 않을까 하는 것이 우리 범부들의 생각일 것이다. 어쩔 수 없는 이유가 있다면, 약속을 어기는 것 또한 어쩔 수 없는 일이 아니냐고 우리는 생각한다.

　세존도 특별히 약속을 어겨서는 안 된다고 말씀하지는 않으셨다. 오히려 약속을 어길 수밖에 없는 경우가 생길 가능성이 있음을 미리 헤아리셨던 것이다. 우리는 평소에 이보다 훨씬 가볍게, 그러한 만약의 사태에 대한 대비 없이 약속을 하고, 또 쉽사리 약속을 깨며 그런 자신을 용서한다. 너무도 쉽사리….

　세존은 약속을 어겨서는 안 된다고 말씀하시는 것이 아니다. 도저히 약속을 깰 수밖에 없는 경우도 있음으로 해서, 예스라는 대답을 하지 않으신 것이다. 예스라고 대답을 해두었다가 약속을 깨뜨리면 그것은 결과적으로 거짓말이 되어버린다. 약속을 지키지 못한 것은 어쩔 수 없더라도, 거짓말을 한 것은 용서받을 수 없다. 그것이 세존의 생각이셨다. 이러한 점에서 우리 보통 사람들과는 정반대이다. 우리는 거짓말을 한 것보다 약속을 어기는 것을 더 나쁘다고 여긴다. 그렇기에 약속을 어겨도 좋을 정당한 이유가 있으면, 거짓말이나 허언虛言까지도 저절로 용서하고 마는 것이다. 그것이 보통 사람들의 사고방식이다. 하지만 세존에게로 거슬러올라가 엄밀하게 생각해보면, 어떤 거짓말이라도—이유가 있고 없고를 불문하고—일절 용서되지 않는다. 그것이 바로 불교에서 말하는 '계'의 기본적인 사고라고 할 수 있다.

선승과 벼룩

재가 불자가 받는 계를 '재가의 5계'라고 한다. 이는 매우 간단한 사항이지만, 이것이야말로 불교의 기본적인 계율인 것이다. 재가 불자들은 자발적으로 이 5가지 계율을 받들고, 그리고 그것을 지켜나간다. 거기에는 그 어떤 강제성도 없다. 매일매일의 일상 속에서 이들 계율을 지키고, 습관이 될 때까지 실천한다. 흡사 매일 아침 이를 닦는 사람이 어느 날 아침 깜빡 그것을 잊어버렸을 때 하루종일 기분이 개운치 않은 것처럼, 거짓말을 하거나 살아 있는 것을 죽이거나 하면 기분이 언짢아진다. 그러한 습관으로 굳어지는 것이 계율의 이상적인 상태라고 할 수 있다.

하지만 이 5가지 계율을 지켜나가는 것은 이만저만 어려운 일이 아니다. 그렇게 간단히 실천할 수 있는 덕목들이 아닌 것이다. 예를 들어, 불살생계만 해도 그렇다.

우리는 파리나 모기를 보면 아무렇지도 않게 잡는다. 교양 있는 숙녀라도 부엌에서 바퀴벌레를 보면 어떻게든 그것을 잡으려고 혈안이 된다. 집

안에서 기르는 화초에 진딧물이라도 생기면 얼른 살충제를 뿌린다. 이러한 모든 행위는 이른바 '살생'에 속한다. 분명 이는 작은 것일지라도 생명을 죽이는 일이다. 비록 그러한 벌레들이 '해충'이라 명명된 것일지라도 살생은 살생이다.

그렇다면 바퀴벌레나 파리, 모기조차도 죽여서는 안 되는 것일까? 대다수의 사람들이 그에 반대할 것이다. '해충'을 잡는 일을 금지시킨다면, 여러 가지 전염병이 나돌 수도 있고, 그 얼마나 불결한 일인가! 그런 말들이 당장 튀어나올 것이 불 보듯 뻔하다. 그리고 그런 말들이 모두 틀렸다고 볼 수도 없다. 나 역시 그 의견에 공감한다.

하지만 때로 다음과 같은 생각도 해보게 된다. 사실 어떤 벌레나 새들이 해충, 해조라고 일컬어지지만, 그것은 인간의 에고이즘에 기초한 사고방식이 아닌가 하는 점이다. 인간은 만물의 영장이네 하고 뽐내며, 자기 중심적인 사고만을 하고 있다. 하지만 자연의 세계에는 본래 익충도 해충도 존재하지 않는 것이 아닐까? 그럼에도 자기 중심적인 생각에 길들여진 인간은 이제 자신도 모르는 사이에 어느새 거기에 중독되고 만다. 나치가 아리안 인종의 우월성을 부르짖으며 유대 인을 학살한 것도, 결국은 우리가 해충이나 익충을 구별하는 사고방식과 무엇이 다르겠는가?

그러면서 나는 한 고승의 이야기를 떠올리게 된다.

어느 무더운 여름날, 고승이 있는 곳에 모기 한 마리가 날아왔다. 하지만 그는 손을 뻗어 모기를 때려잡으려고 하지 않는다. 그렇다고 모기향을 피우거나 하지도 않는다. 그저 가만히 손을 뻗어 모기를 쫓을 뿐이다.

그 이야기를 들었을 때, 나는 '아, 과연…' 하는 생각에 한숨을 내쉬었다. 그것은 바로 선망의 한숨이었다. 그렇게까지 수행을 쌓을 수도 있구나 하는 생각에 절로 머리가 숙여졌던 것이다.

에도(江戶) 시대의 선승인 료칸(良寬, 도쿠가와 시대의 선승, 시인이자 서예가—옮긴이)이 한 말 중에 이와 비슷한 알기 쉬운 말이 있다. 료칸은 아이들과 곧잘 공놀이를 하며 놀았다고 알려진 그 스님인데, 때로는 벼룩과도 함께 놀았다고 한다. 벼룩을 눌러 죽여서는 안 된다고 하면서. 겨울이면 벼룩들을 툇마루에 나란히 늘어놓고 일광욕을 시켜주고, 해가 떨어지면 다시 자신의 옷 속에 넣어주었다는 것이다.

'풍광風狂.'

이 단어가 머릿속에 떠오르지만, 그렇더라도 거기에는 불살생이라고 하는 계가 엄연히 살아 있다. 어떤 의미에서 거기까지 행하지 않는다면 진정으로 참된 것이 아닐지도 모른다.

❈ 간디의 6가지 서약

불투도계는 도둑질하지 말라는 계이다. 하지만 '도둑질'이라는 것은 단지 법률상의 행위만을 일컫는 것은 아니다. 보다 적극적인 해석이 필요하다. 인도 독립의 아버지이며, 지금도 인도 국민들로부터 '국부國父'로 추앙받는 마하트마 간디는 지도자의 조건으로 다음과 같은 6가지 서약의 준수를 명하고 있다.

1. 진리의 서약 : 거짓말을 하지 않는 것만으로는 충분하지 않다. 비록 국가의 선을 위해서일지라도, 기만은 용서되지 않음을 명심해야 한다. 진리는 때로 양친이나 연장자에 대한 반항까지도 필요로 한다.
2. 불살생의 서약 : 어떤 것이든 살아 있는 것의 생명을 빼앗지 않는다는 것만으로는 충분하지 않다. 부정不正하다고 여겨지는 자에 대해서도 상처를 입혀서는 안 되며, 분노해서도 안 된다. 그들을 사랑해야만 한다. 폭력에 저항하더라도, 폭군에게 해를 입혀서는 안 된다. 폭군을 사랑으로써 정복해야

하며, 비록 죽음에 이를지라도 폭군의 의지에 굴복해서는 안 된다.

3. 독신의 서약 : 이것 없이 앞의 2가지 맹세를 준수하기란 거의 불가능하다. 색욕을 피하는 것만으로는 충분하지 않으며, 마음속의 수욕獸慾조차 억제해야 한다. 기혼자는 아내에게 육욕을 품어서는 안 되며, 아내를 생애의 벗으로 여기며 완전히 청정한 관계를 유지해야 한다.

4. 미각 억제의 서약 : 앞서의 서약, 특히 독신의 서약은 이 미각의 억제 없이는 지키기 어렵다. 식사는 육신의 유지를 위해서만 필요하다고 여기고, 섭생에 유의하며, 식사를 정화해야 한다. 수욕을 불러일으키는 음식과 불필요한 음식은 차츰 포기해야 한다.

5. 훔치지 않는다는 서약 : 타인의 소유물을 훔치지 않는 것만으로는 충분하지 않다. 진실로 필요하지 않은 물건을 사용하는 것도 도둑질이다. 자연은 우리에게 필요한 것들을 과부족 없이 공급해주고 있다.

6. 무소유의 서약 : 많은 것을 소유하지 않는 것만으로는 충분하지 않다. 육체가 필요로 하는 최소한의 것 이상을 소유해서는 안 된다. 의자 없이도 지낼 수 있다면 의자를 소유해서는 안 된다. 따라서 생활의 간소화에 노력해야 한다.

불필요한 것을 소유하는 것. 이것 역시 간디에 따르면 도둑질이 되는 셈이다. 그런 생각을 하면서 서둘러 주위를 살펴봤을 때, 우리는 너무도 많은 것을 도둑질하고 있음을 알고 경악하게 된다.

여기에 한 걸음 더 나아가 우리는 보이지 않는 형태의 도둑질을 하고 있는지도 모른다. 나는 종종 회의에 지각하거나, 약속시간에 늦어 사람을 기다리게 하는 일도 일종의 도둑질이 아닐까 생각해본다. 타인의 소중한 시간을 훔치고 있는 것이니까.

얻어맞는 것도 불도 수행이다

부끄러운 일이지만, 나는 종종 내 자신이 불제자로서는 낙제생이라는 생각을 할 때가 있다.

얼마 전 20여 명의 사람들과 단체로 중국을 여행할 기회가 있었다. 실크로드의 둔황을 중심으로 하는 여행이었는데, 그 둔황 서쪽에 있는 양관(陽關, 전한시대의 관문) 유적까지 버스로 달리고 있을 때였다. 사막의 풍광은 이국적이고도 아름다웠다. 그때 나는 우연히 도마뱀 한 마리를 발견했고, 중국인 가이드가 얼른 그 도마뱀을 붙잡았다. 그리고는 꼬리를 잡고는 내게 건네주었다. 나는 신기한 마음에 그 도마뱀을 잡고 싶었던 것인데, 막상 잡고보니 처치곤란이었다. 그냥 얼마 동안 그렇게 도마뱀의 꼬리를 잡고 있었다.

우리 일행의 절반 이상이 스님이었다. 각기 종파는 달랐지만, 승직에 종사하는 분들이 많았다. 얼마 지나지 않아 도마뱀 꼬리를 잡고 있는 나를 향해 스님들이 이구동성으로 한마디씩 했다.

"불쌍해라… 빨리 놓아주세요!"

나는 그 말을 듣고야 서둘러 도마뱀을 땅에 내려놓았다. 놓아줄 구실이 생기자 나도 휴~ 하고 안도의 한숨을 내쉬었다. 하지만 솔직히 말해 그때는 좀 당황스러웠다. 도마뱀 한 마리 때문에 그렇게 모든 사람들이 한마디씩 할 줄이야.

그러면서 나는 스님들에게 내심 감탄했다. 무용한 살생을 피한다— 그런 습관이 분명 승직에 있는 분들에게는 어릴 적부터 몸에 배어 있는 것이다. 그렇기에 당장 불쌍하다는 말이 튀어나올 수 있었을 터이다.

참으로 애석한 일이지만, 이런 경지는 내가 아무리 물구나무서며 용을 써봐도 도달하기 어려운 경지가 아닌가.

나는 그렇게 느꼈다. 나는 재가의 사람이다. 어릴 적 잠자리 꼬리를 떼어내고, 거기에 보릿대를 끼워서 가지고 놀았다. 그런 짓을 하면서도 그러면 안 된다고 어른들로부터 주의를 들은 적이 없다.

하지만 절에서 자란 사람은 다르다. 나에게는 승직에 몸담고 있는 벗들이 많아서, 그들의 가정교육을 슬쩍 들여다볼 기회가 있는데, 아이들이 그런 놀이를 하면 그들은 반드시 생명의 존엄성을 일깨워준다. 그렇기에 어른이 되어서도 자연스럽게 생명에 대한 자비심을 발휘할 수 있는 것이다. 나 같은 날라리 불제자는 도저히 따라갈 수 없는 경지이다.

우리가 불제자로서 살아가려고 할 때, 우선 마음에 새겨야 할 것은 폭력을 휘두르지 않는다는 자계自戒일 것이다. 무익한 살생을 하지 않는다는 것은 너무도 지당한 일이다. 하지만 그것만으로는 충분하지 않으며, 아무리 사소한 폭력이라도 그것을 부정하는 강인한 정신을 몸에 익혀야만 할 것이다.

완력으로 사람을 상하게 하는 일 따위는 어떤 경우에라도 허용되어서는 안 된다. '입보다는 손으로 하는 것이 빠르다' 는 말이 있을 정도로 우리 주위에는 폭력이 난무한다. 이는 당치 않은 일이다. 그런 일은 절대 허용되어서는 안 된다. 그리고 비폭력 교육을 어릴 적부터 아이들에게 분명하고 확실하게 시켜야만 한다. 그러한 평화 교육이 그 어느 때보다 절실하다.

그런데 평화 교육의 기본은 무엇일까? 나는 그것을 '때려서는 안 된다. 차라리 맞으라' 라고 가르치는 일이라 생각한다. 때려서는 안 된다고 가르치는 것만으로는 충분하지가 않다. 하지만 차라리 맞으라고 가르친다면, 아이들도 훨씬 쉽게 이해할 수 있을 것이다. 이를 악물고 참으면서 맞는다. 그런 인내야말로 불교 수행의 하나라고 가르쳐주고 싶다. 그리고 그런 방식으로 폭력에 맞선 사람들을 한껏 상찬해주고도 싶다. 그러한 교육을 통해서 아이들은 분명 비폭력의 정신을 배우게 되지 않을까? 물론 그 전에 우리들 부모가 그것을 실천해야 할 테지만….

성계性戒와 차계遮戒

　불사음계란 간디의 서약에 있어서는 '독신의 서약'으로 지칭되어 있다. 간디는 부인과 서로 대화를 통해 '순결의 서약'을 지키기로 약속했다. 하지만 성욕은 좀처럼 제어하기 힘들다. 아니, 간디의 경우는 제어가 아닌 완전히 성욕을 차단한 셈이지만, 그것은 결코 쉬운 일이 아니었다고 한다. 낮 동안에는 완전히 몸이 지치도록 육체노동을 한다. 그리고 그로 인해 숙면을 요구받는다. 그러한 노력의 기록들이 그의 자서전에 실려 있다.

　그 결과 간디는 '미각의 억제'에 대한 것에도 생각이 미쳤다. 성욕을 억제하기 위해서는 동시에 식사습관을 바꾸어야만 한다는 것이다. 육식을 해서는 안 된다. 간디는 독실한 힌두 교도였기에 어릴 적부터 육식을 하지 않았지만, 육식을 하는 사람은 성욕을 제어하기가 더욱 어렵다고 한다. 또한 자극성이 강한 음식도 나쁘다고 한다. 분명 그럴 것이다. 또한 이는 불음주계와도 맞물리게 되는 점이다.

　술을 마시지 말라고 하는 불음주계. 주당인 나로서는 이것이 좀처럼 수

행하기 어려운 계율인데, 그래도 얼마쯤 융통성 있게 이를 해석한다면 이 불음주계는 나머지 다른 4가지 계율과는 다소 성질을 달리하는 계율이라고 볼 수 있다. 즉, 불살생계, 불투도계, 불사음계, 불망어계는 '성계性戒'이다.

하지만 불음주계는 '차계遮戒'이다.

성계는 그 자체가 죄악이다. 살인, 절도, 음행, 허언 등은 세존이 그것을 금하는 계율을 두든 그렇지 않든, 그 본래적인 성질로서 죄악인 것이다. 이에 비해서 차계는 그 자체로서 악은 아니다. 음주 그 자체가 악은 아닌 것이다. 그렇다고 선도 아니다. 어느 쪽이냐 하면 그리 좋은 것은 아니라고 하겠다. 그와 동시에 음주로 인해서 다른 계율도 지키기 어려워진다. 술을 마신 탓에 갑자기 사람이 달라지면서 쉽게 화를 내고, 극단적인 경우 살인을 저지르기도 한다. 극단적인 예이긴 하지만 드문 일도 아니다. 따라서 음주는 다른 성죄(性罪, 성계에 의해 제지되는 죄악. 즉, 살인이나 도둑질 등)를 유발시키는 경우가 많기 때문에, 세존은 이를 다스리려 한 것이다. 차계란 그러한 의미이다.

인도와 달리 추운 계절이 있는 나라에서 사는 사람들에게는 때로 알코올이 필요할 경우도 있다. 그리고 또 조용히 술을 즐기는 사람도 있다. 그러한 음주까지 모두가 악이라고 할 수는 없을 것이다.

왠지 자기 변명을 하는 것 같아서 조금 열없기는 하지만, 계라고 하는 것은, 특히 불음주계와 같은 차계는 크게 생활 전체를 통해 생각해야 할 문제로 보인다. 그리고 그러한 의미에서 간디가 불사음계와 미각의 억제를 결부시킨 점은 과연 형안炯眼이라 생각된다. 간디의 서약과 불교의 5계는 매우 흡사한 데가 있다 하겠다.

한 가지 계라도 지키려고 노력하라

재가의 5계 가운데 처음 4계는 성계이며, 나머지 하나는 차계이다. 그리고 차계는 성계와 달리 얼마쯤은 녹록하다. 어떤 의미에서는 잠시 넘어설 수도 있다. 즉, 출가자의 경우에는 음주가 죄가 되지만―비구, 비구니의 구족계 가운데도 불음주계가 포함되어 있다―재가 불자인 경우는 이를 어겨도 죄를 묻지는 않는다. 그렇다면 재가의 계로서는 4계만 있어도 괜찮다는 이야기가 된다. 분명 4계만으로도 족하다.

아니, 경우에 따라서는 1계만으로도 족하다고 여겨진다. 5계 중 어느 것 하나라도 좋다. 오직 단 하나의 계만을 지키려고 최선을 다하는 것만으로도 좋다는 뜻이다.

우리는 하나의 계, 예를 들어 불망어계를 지키려고 할 때, 저절로 다른 4계도 지키게 될 것이다. 거짓말을 하지 않겠노라, 오직 그 한 가지만을 마음속에 새기고 있으면 된다. 가령 술을 마시는 경우를 생각해보자. 평상시보다 말이 많아지고, 심지어 거짓말을 하기도 쉬워질 것이다. 하지만 불망어계를 지키려고 노력하면 자신의 모습을 보다 솔직하게 볼 수 있게 된다. 그로 인해 자신에 대한 반성이 일어난다. 그리고 차츰 술을 마시는 양도, 횟수도 줄어들게 된다. 취하지 않도록 술을 마시게 된다. 즐거움을 위해, 조용하고도 점잖은 음주가 될 것이다. 그렇게 되면 음주 자체가 더 이상 악이 아니게 되어 전혀 문제될 것이 없어진다. 하나의 계를 정성을 다해 지킴으로써 나머지 전부가 몸에 익게 된다.

   나는 불도라 하는 것은 이와 같이 전반적인 고양에 있다고 생각한다. 무엇인가 한 가지 맹세를 진지하게 최선을 다해 지켜나간다. 어느 하나의 목표를 향해 저돌맹진한다. 그와 같은 일도 물론 중요하다 하겠다. 그렇지만 불교적인 사고는 그러한 직정경행直情徑行과는 다소 차이가 있지 않나 하는 생각이 든다. 그보다는 다소 여유가 있다. 대지를 한걸음 한걸음 차분히 밟아나가는 듯한 그런 느낌이라고나 할까.

계보다는 믿음이 먼저이다

　소승불교에서는 비구(남성 출가자)에게는 250계, 비구니(여성 출가자)에게는 348계라고 하는 매우 많은 계율을 두고 있다. 이는 출가자이기에 지킬 수 있는 것이다. 아니, 출가자라고 하더라도 때로는 범계犯戒나 파계를 피해갈 수 없는 경우도 있다. 그만큼 엄격한 계율을 재가의 몸으로 지키기란 거의 불가능하다. 따라서 대승불교에서는 '계율'에 관해서는 소승불교와는 다소 다른 사고방식을 지니고 있다.
　대승불교라고 하더라도 인도, 중국, 일본의 경우 상당한 차이가 있으며, 종파에 따라서도 다르다. 이것을 여기서 상세히 설명할 수는 없지만, 현대의 일본 종파에 관한 소개를 잠시 해보기로 하자.
　먼저 가장 분명한 것이 정토진종이다. 여기서는 계율을 인정하지 않는다. 우리들 범부는 계를 지킨다고 해서 자력으로 구원받지 못한다. 구원은 아미타불로부터 주어진다는 것이 정토진종의 주장이다. 따라서 정토진종에서는 '계명'이라고 하지 않고 '법명'이라고 부른다. 일련종日蓮宗에서도 역시 계명이라고 하지 않고 법명이라고 한다. 그것은 이 종파에서는 재가 불자들에게는 계를 주는 일이 없기 때문이다.

　정토진종과 일련종 이외에는 계명이라고 한다. 그렇지만 이 경우의 계율은 소승불교의 그것과는 같지 않다. 보다 유연한 계율로, 이른바 '대승계'라 불린다.

　그런데 이러한 대승계는 일반인들이 이해하기에는 다소 어려운 부분이 있다. 따라서 여기서는 간단히 대승불교에 있어서의 재가 불자의 계인 '삼귀계三歸戒'에 대해 살펴보기로 하겠다. 삼귀계란 삼귀의三歸依가 그대로 계인 것이다.

　거룩한 부처님(佛)께 귀의합니다.
　거룩한 가르침(法)에 귀의합니다.
　거룩한 승가(僧)에 귀의합니다.

　이것이 삼귀의이다. 신자가 불·법·승의 삼보를 믿음을 표명한다. 그러한 표명이 다름아닌 계, 즉 정신적인 계율인 것이다. 그것이 대승에서 말하는 재가 불자의 계이다.

　즉, 대승불교에서의 계는 그다지 중요시되지 않는다. 계보다는 믿음이 먼저인 것이다. 믿음이 철저하다면, 계는 저절로 몸에 익게 된다는 것이 대승불교의 입장이다.

| 제3장 |

인욕忍辱

남을 비난하는 사람일수록…

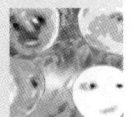

불교에서는 우리가 사는 세계를 '사바娑婆'라 부른다. 사바는 살아가기에 꽤나 괴로운 곳이다. 만원 전철과 비슷한 데가 있다. 모두가 어깨에 잔뜩 힘을 주고 서 있게 되면 서로 괴로울 수밖에 없다. 그렇기에 우리는 서로 용서하면서 살아가야 한다. 타인으로부터 받게 되는 크고 작은 괴로움들을 그저 꾹 참고 견디지 않으면 안 된다. 그러한 인내를 인욕이라고 한다.

연민의 마음

 불교에서 마신魔神으로 일컬어지는 아수라阿修羅는 본래 정의의 신이었다. 그러나 신들의 제왕인 제석천帝釋天과 다툼으로써 하늘에서 추방되어 마계魔界에 떨어지고 만 것이다. 불행한 사건의 시작은 이렇다.

 아수라에게는 딸이 하나 있었다. 이름은 수쟈이고, 보기 드문 절세 미인이었다. 아수라는 그런 딸을 신들의 제왕인 제석천에게 시집을 보냈으면 하는 바람을 품고 있었다.

 그런데 제석천은 그러한 아비의 심중을 알지 못한 채, 어느 날 완력으로 그만 그녀를 능욕하여 자신의 여자로 만들어버린 뒤, 아비의 품으로부터 그녀를 빼앗아간다. 아마도 그녀는 제석천이 하자는 대로 따르지 않았을까? 그리고 그녀는 그곳에서 행복을 얻는다. 제석천과 수쟈는 나중까지도 남들이 부러워하는 사이 좋은 부부가 되었다. 처음이야 어찌 됐든 결과는 매우 좋았다고 할 수 있지 않을까?

 하지만 이것은 어디까지나 제석천 쪽에서 봐서 그렇다는 이야기이다. 딸을 빼앗긴 아수라는 결코 그렇게 생각하지 않았다. 당연한 일인지 모르지만, 그는 제석천을 원망하고 증오했으며, 결국 그에게 싸움을 청하기에 이른다. 아수라는 무용이 뛰어난 제석천에게 도저히 당해낼 수가 없었지만, 패해도 포기할 줄 모르고 계속해서 그와 싸움을 벌여나간다. 아수라는 그야말로 집념의 화신이 된 것이다.

이쯤에서 독자들은 잠시 고개를 갸우뚱거리게 될지도 모른다. 비난받아 마땅한 쪽은 거친 폭력을 휘두른 제석천이지 아수라는 아니지 않은가? 그럼에도 결국 아수라가 마신이 되었으니, 이것은 뭐가 잘못된 것이 아닌가? 불교는 인드라(고대 인도의 무용신武勇神·영웅신—옮긴이) 신의 완력을 사들여서 제석천을 호법의 신으로 삼은 것인데, 아무리 그렇다고 해도 제석천에게 맞섰다는 이유만으로 아수라를 마신으로 만들어버린 것은 너무 지나친 처사가 아닌가? 아무래도 이건 잘못된 것이라고 의문을 품을지도 모른다. 아니, 그렇게 여기는 것이 당연하다. 나도 처음에는 그렇게 생각했다.

제석천과 아수라가 싸우는 한 장면이 《잡아함경雜阿含經》에 묘사되어 있다. 이때는 보기 드물게 제석천의 군세가 열세에 놓여 있었다. 아수라의 군사들은 그들을 뒤쫓았고, 제석천의 군사들은 달아나고 있었다. 그때 제석천은 자신들이 가는 길 위에 금시조(전설상의 새)의 둥지가 있고, 그 둥지 안에는 이제 갓 태어난 새끼들이 있는 것을 발견한다. 마차를 그대로 돌진시키면, 그 어린 새끼들은 그 자리에서 밟혀 죽을 것이 뻔했다. 그러자 제석천은 군사들을 멈추게 하고, 곧장 방향을 바꿔 아수라 쪽으로 향하도록 명령했다. 그러자 놀란 쪽은 오히려 아수라였다. 도망치던 제석천의 군사들이 갑자기 방향을 틀어 자신들 쪽으로 달려오고 있었다. 그것을 본 아수라는 무슨 비책이 숨어 있음에 틀림없다고 오해하게 된다. 그러자 이번에는 아수라의 군대가 방향을 바꿔 달아나기 시작한다.

이러한 설화에는 제석천이 지닌 여린 생명에 대한 연민, 즉 자비심이 강조되어 있다. 참으로 놀라운 이야기가 아닐 수 없다. 우리는 전투의 와중에 있을 때는 쉽게 약자나 작은 존재에 대한 배려의 마음을 잊게 된다. 그 전투가 정당화되고, 대의명분이 그럴듯할수록 인간은 오히려 협량해지게 된다. 정의를 위해 희생자 한두 명쯤이야 하는 말이 정의의 깃발을 휘두르는 자의 입에서 새어나온다. 정의란 그토록이나 협량한 것이다.

분명 최초의 정의는 아수라 쪽에 있었다. 따라서 그의 분노도 당연하다고 할 수 있지만, 그 당연한 분노를 폭발시켰을 때, 아수라는 타자에 대한 연민을 잊었고, 동정심도 잃었으며, 자신의 분노밖에는 볼 수 없었다. '내가 절대적으로 옳고 상대가 나쁘다'라고 굳게 믿었던 아수라. 왜 그는 자신 또한 제석천과 똑같은 행동을 저지르고 있는 것인지도 모른다고 한 걸음 물러나 생각할 마음의 여유를 갖지 못했을까?

자신의 분노와 정당성만을 믿고, 타자에 대한 배려와 연민을 모두 잃어버린 아수라. 그때 이미 아수라는 스스로 마신으로 변해버린 셈이다.

그러면 이제 제석천을 보자. 제석천에게는 자비의 마음이 있었다. 약한 자, 작은 자에 대한 연민의 마음이 있었다. 그것은 불교에서 가장 중요한 덕목으로 꼽힌다.

　분명 제석천은 도덕적으로는 칭찬받지 못할 행동을 저질렀다. 하지만 그는 자신의 잘못을 후회하고, 보시를 행하고, 선행을 쌓았다. 그런 뒤 세존에 귀의하여, 세존이 세상에 계시는 동안 줄곧 그의 신변 경호 역할을 떠맡았다. 우리는 그러한 제석천을 호법의 신으로 숭앙하고 있는 것이다.

　아수라가 마신이고, 제석천이 선신善神이라니, 이것은 뭔가 잘못된 것이라는 생각에도 나름대로 일리가 있다. 하지만 불교에서 무엇보다 중요한 것은 바로 자비심과 연민의 마음이라는 것을 다시 한번 되새기지 않을 수 없다.

윤회의 진정한 의미

 어디서 읽은 구절인지는 잊고 말았다. 어쩌면 누구에겐가 들은 것인지도 모른다.
 유럽을 여행 중이던 한 일본인 청년이 어느 성당 앞에서 그곳 사람과 논쟁을 벌이게 되었는데, 자신은 기독교에서 말하는 천국의 존재에 대해 전혀 믿지 않으며, 그것은 현대과학과도 모순되는 미신이 아니냐고 얼마쯤은 공격적인 태도로 질문을 한 모양이다. 그러자 신실한 카톨릭 신자인 노부부는 "우리한테는 천국이 없으면 안 돼, 천국은 꼭 있어야 해!"라고 분연히 맞받아쳤다고 한다. 그러면서 다음과 같이 말했다.
 "우리가 왜 이 세상에서 그렇게 청빈하고 바르게 살려고 노력했는지 아는가? 그것은 사후에 우리는 천국으로 가고, 악한 자들은 지옥에 떨어지는 걸 보고 싶기 때문일세. 이 세상에서 못된 짓을 하고도 도무지 부끄러운 줄을 모르는 인간들이 지옥에서 몸부림치는 모습을 보고 싶기 때문이라고. 그걸 볼 수 없다면 무엇 때문에 우리가 이렇듯 조심조심 살겠나. 그러니 천국은 반드시 있어야 하네."

참으로 재미있는 이야기라 하지 않을 수 없다. 일본의 크리스천들은 좀처럼 이렇게 솔직하게 속내를 말해주지 않는다.

'네 이웃을 사랑하라'고 그저 듣기 좋고 하기 좋은 고상한 말만 할 뿐이다. 하지만 종교란 꼭 그렇게 고상한 것만은 아니다. 욕망의 가죽을 뒤집어쓴 인간들은 진흙탕에 발을 담근 채 어떻게든 살아보려고 애쓰고 있다. 바로 거기에 종교가 있으며, 반드시 거기에 있어야만 하는 것이다.

사랑이 있으면 미움도 있다. 한줌의 사랑마저도 잃어버린 채 오로지 미움으로 살아가는 인간은 생각할 수 있어도, 아무런 미움도 없이 순수한 사랑만으로 살 수 있는 인간은 존재하지 않는다. 종교의 원리는 오히려 바로 그런 미움에 있다. 교리나 신학의 문제를 차치하고 그저 평범하기 짝이 없는 사람들이 서로 아옹다옹하며 열심히 살아가고 있는 현실에 비추어 생각한다면, 종교란 바로 그런 것이 아닐까 생각된다.

그렇기에 전생윤회에 대해서도 똑같은 말을 할 수 있을 것이다. 만약 내세가 없다면, 사회의 낮은 곳에서 겸허하고 진실되게 살아가려고 하는 선인은 손해를 보게 되고, 반대로 남을 짓밟고 부끄러움도 모른 채 극악무도한 짓을 일삼는 악인은 이득을 보게 된다. 그렇다면 그건 너무하지 않은가 (단, 여기서 선인과 악인은 종교적 차원이 아닌, 단순한 사전적 의미를 뜻한다). 내세가 존재하지 않고 오직 현세만이 모든 것이라고 한다면 지금 당장만 좋으면 그만이란 식으로 오만하고 뻔뻔하게 큰소리를 치는 사람이 세력을 떨치게 된다. 그렇게 큰소리를 칠 수 있는 강자는 그걸로 좋을 테지만, 그렇지 못한 진실된 약자들은 도무지 기댈 곳이 없어진다.

만약 태어날 때부터 장애를 가지고 세상에 나온 사람들에게, 내세란 없으며 이 세상이 전부라고 한다면 어떻게 될까? 장애를 지닌 채 평생을 살아가야 하며, 게다가 두 번 다시 기회가 주어지지 않는다니 너무 가혹한 일이 아닌가. 내세에는 반드시 건강한 사람으로 다시 태어나고자 하는 꿈조차도 빼앗기고 마는 것이다.

본래 전생윤회의 가르침은 인과응보의 수지타산이 현세의 장부만으로는 잘 맞지 않는 데서 생겨난 것이다. 본래는 선한 일을 하면 선한 결과를 낳고, 악행을 저지르면 악한 결과를 낳아야 하는 것이지만, 현세만을 놓고 보면 꼭 그렇지만도 않다. 악인은 산해진미에 배가 터지도록 먹고, 선인은 오히려 배를 곯아야 하는 그런 경우가 현실에서는 적지 않은 것이다. 아마도 그처럼 세상의 계산법이 잘 맞지 않는 현실을 설명하기 위해 내세가 만들어지고, 또한 전생도 거론되게 되었는지도 모른다.

악업을 쌓은 사람은 내세에서 반드시 그 벌을 받게 되고, 현세에 있어서의 불운은 과거 생의 악행에 대한 보답이다— 그것이 바로 윤회이다. 그렇게 생각하면 얼마쯤은 체념도 생기고, 못된 짓을 저지른 자가 내세에서 괴로움에 몸부림치는 모습을 상상할 수 있는 즐거움도 생긴다. 나는 윤회를 그렇게 여기고 싶다. 또한 윤회가 그렇기를 바란다.

연기의 가르침

'연기緣起'는 불교 용어 중에서 가장 기본적인 것 중 하나이다. 세존은 제자들에게 종종 이 연기의 이법理法을 말씀하셨다. 또한 이 연기의 이법은 세존이 그것을 설하려 하든 그렇지 않든, 아니 세존이 존재하든 하지 않든, 그런 것과는 아무런 관계가 없는 '영원한 이법'이라고 말씀하셨다.

대체 연기란 무엇일까?

이것은 의외로 간단하다. 여기 어떤 사물이 있다고 가정해보자. 그것이 무엇이든 상관없다. 그 사물이 존재하는 동안, 여러 사안이 그것과 연관되어 있다는 것, 그것이 바로 연기이다.

예를 들어, 우리가 마시는 한잔의 차를 생각해보자. 거기에는 여러 가지 요소들, 그리고 온갖 다양한 사안들이 연관되어 있다. 찻잎, 차나무, 그리고 씨앗. 또한 수목의 생육에는 햇빛과 물이 불가결하며, 거기에 차를 따는 사람, 덖는 사람, 나르는 사람, 파는 사람 등 온갖 요소들이 필요하다. 게다가 집에서 차를 마시려면 물과 갖가지 도구들이 있어야 한다. 연상 게임을 하듯 그와 관련된 것을 열거해나가면 어쩌면 전 우주가 이 단 한잔의 차와 깊은 연관을 맺고 있는지도 모른다는 것, 그것이 바로 연기의 사상이다.

연기란 한자를 풀이하면 '(어떤 것에) 의해서 일어난다' 는 말이다. 모든 사물은 타자에 의존하여 생겨나거나 혹은 존재한다는 것이 연기의 사상이며, 그것을 뒤집어 말하면 그 자체로 혼자 독립하여 존재하는 것은 아무것도 없다는 말이다. 물론 당신이라는 존재 또한 당신을 낳은 부모에 의존하고 있으므로, 바로 연기의 존재인 것이다. 좀더 세부적으로 정리해보면 다음과 같다. 이 연기를 두 형태로 나누어보기로 하자.

시간의 관계.

공간의 관계.

전자인 시간의 관계란, 즉 인과관계이다. 당신이 지금 두통에 시달리고 있다면, 그 두통에는 여러 가지 원인이 있을 것이다. 예를 들어, 지난밤의 과음 때문일지도 모른다. 그렇다면 과음이 원인이고, 두통은 결과이다. 그와 같은 식으로 사물을 원인과 결과의 관계로 파악하는 것, 같은 이야기이지만 이 세상의 모든 일에는 반드시 그에 상당하는 원인이 있음을 인식하는 것, 그것이 바로 연기가 의미하는 바이다.

공간의 관계란 다음과 같다. 이 경우는 원인과 결과의 관계가 아니라, 상대적인 관계이다. 예를 들어, 남자와 여자라고 하는 두 개념의 관계. 남자라고 하는 개념은 여자가 있기에 비로소 성립하는 것이며, 반대로 여자라는 개념이 존재하는 것도 남자가 있기 때문이다. 그러나 남자가 원인이고 여자가 결과인 것은 아니며, 그 역도 성립하지 않는다. 양자는 서로 다른 축으로 성립하는 개념이다. '부모-자식'이나 '길다-짧다' '깨끗하다-불결하다'고 하는 것이 모두 그러하며, 이것 또한 연기라 불리는 것들이다.

그렇다면 연기의 이법이란 너무도 간명한 가르침이 아닌가. 바로 그렇다. 그럼에도 불구하고 우리는 그러한 간명한 가르침조차 충분히 몸에 익히고 있지 못한 것이다.

때로는 '죽어버리고 싶을 만큼 괴롭다'고 자신의 불행을 탄식하는 사람이 많은데, 대부분은 그 불행이 어디에서 기인하는지를 돌아보지 않고 그저 막연히 한탄만 할 뿐이다. 자신들의 고뇌나 불행이 아무런 인연 없이 생겨났다고 착각하는 것이 일반적이며, 그것은 모든 일에는 그에 상응하는 인연이 있다는 연기의 이법을 미처 깨닫지 못하는 데서 기인한다.

연기의 가르침은 그 자체로는 간명하지만, 그것을 실천하는 것, 즉 일상생활 속에서 모든 일들을 연기에 상응하는 것으로 파악하기란 그리 간단한 일이 아닌 것이다.

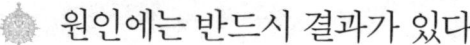 원인에는 반드시 결과가 있다

 불교에서는 행복하든 불행하든 이 세상의 모든 일들은 자신이 그 씨앗을 뿌린 필연의 결과라 보고 있다. 그것이 불교에서 말하는 연기의 이법이다. 그렇기에 불교에서는 '나는 아무런 잘못도 저지르지 않았는데 이유도 없이 괴로움을 겪고 있다'는 식의 사고방식은 용인되지 않는다.
 따라서 불자의 삶의 방식은 자신의 운명을 꾹 참고 견디는 데 있다. 자신에게 닥쳐오는 불행은 분명 자신이 뿌린 씨앗의 결과이다. 그렇기에 운명으로부터 도망쳐서는 안 된다.
 불교의 가르침 중에 다음과 같은 것이 있다. 세존이 코삼비(바지 국의 수도—옮긴이)에 머무실 때의 일이다. 당시 마을 사람들은 한 여성에게 휘둘리고 있었다. 그 여성은 예전에 세존으로부터 다소 신랄한 말을 들었기에 세존을 원망하고 있었다. 그래서 마을 사람들을 선동하고, 세존의 험담을 널리 퍼뜨렸던 것이다. 그러한 험담을 듣게 된 제자 아난다(아난 존자)는 세존에게 진언한다.

"세존이시여, 이 마을 사람들은 우리의 험담만을 하고 있습니다. 이 마을을 떠나 다른 곳으로 가시지요."

"아난다여, 그렇다면 묻겠노라. 그 다른 마을 사람들도 우리를 욕한다면 그대는 어디로 가겠는가?"

"그럼 다시 다른 마을로…."

그러자 세존은 분명한 어조로 말씀하셨다.

"아난다여, 다툼이 일어났다면 그것이 진정될 때까지 그 자리에서 참고 견뎌야만 한다. 옮겨가더라도 그것이 진정된 연후에라야 한다. 전쟁터에 있는 코끼리가 사방에서 날아오는 화살을 견디듯이, 사람들이 가해하는 욕을 참고 견디는 것이 우리의 책무이니라."

그리고 다음과 같이 덧붙이셨다.

"아난다여, 걱정하지 말라. 사람들은 7일 동안은 계속 욕을 할 테지만, 8일째 되는 날은 침묵할 것이다."

실제로 그러한 박해는 7일밖에는 계속되지 않았다고 한다.

바로 여기에 불자들이 어떤 삶을 살아야 하는지 확연히 드러나 있다고 할 수 있다. 우리가 자신의 운명을 피하고 박해로부터 도망치기만 한다면, 그 대가는 전혀 예상치 못한 어느 땐가 우리 앞에 닥치게 된다. 간혹 과거의 죄상이 드러나면서, 인생의 절정으로부터 한 순간에 추락하는 사람들이 있는데, 그것은 바로 지난날의 잘못에 대한 대가를 그 당시에 치르고 견뎌내지 않았기 때문이다. 원인에는 반드시 결과가 있다— 이것이 바로 불교의 기본적인 가르침이다.

  따라서 지금의 결과들은 결국 자신이 지어낸 원인에 대한 결과이며, 한번 그 원인을 만들면, 반드시 결과가 있음을 잊어서는 안 된다. 그것을 잊지 않고 살아가는 것이 불자의 삶인 것이다.

불교의 사랑, 기독교의 사랑

'사랑한다' '나는 당신을 사랑합니다' 'I love you'.

우리에게 '사랑'은 곧 영어의 '러브'를 연상시키며, 그리고 더 나아가서는 딘 영이 신문에 연재했던, 블론디와 대그우드가 등장하는 미국 가정만화도 떠오른다. 그리고 개인적인 추억으로는 중학교 시절, 영어 공부를 위해 두세 번 나갔던 교회의 주일학교에서 "오른쪽 뺨을 때리거든 왼쪽 뺨을 내밀어라. 그것이 기독교인의 사랑이다"라고 설교하시던 목사님의 얼굴이 떠오른다. 모두 다 나에게는 사랑을 영어의 러브와 결합시켜주는 것들이다.

현대인들의 대다수가 나와 마찬가지로 사랑을 러브와 동의어라고 생각할 것이다. 하지만 그것은 한쪽으로 치우친 생각이다. 우리는 사랑이라는 말이 불교 용어였다는 사실을 잊어서는 안 된다. 그리고 불교 용어로서의 사랑은 마이너스의 가치를 지닌 말임을 알아둘 필요가 있다.

기독교에서는 '네 이웃을 사랑하라'고 말한다.

불교에서는 '사랑해서는 안 된다'고 가르친다.

여기에 불교와 기독교의 커다란 차이가 있다. 그런데 어째서 불교는 사랑을 부정하는 것일까?

결론부터 말한다면 불교 용어로서의 사랑은 러브와 동의어가 아니다. 굳이 영어로 번역한다면 '에고'라고 할 수 있다. 사랑은 항상 자기 본위이기 때문이다. 우선 자기 자신을 사랑하고, 나아가 자기 자식, 자기 아내, 자기 부모로 사랑이 확대된다. 하지만 아무리 확대해나가더라도 그 중심에는 여전히 자기가 있다. 사랑이란 실로 자기 중심주의인 것이다.

그리고 사랑은 늘 집착을 불러온다. 사랑하는 대상을 자기 것으로 영원히 묶어두고 싶은 마음— 사랑이 있는 곳에는 필연적으로 집착이 있다. 불교에서는 이른바 망집으로 화하는 그런 사랑을 '갈애渴愛'라고 한다.

보트를 타고 망망대해를 표류하던 자가 너무도 목이 마른 나머지 바닷물을 마셔버린 상태이다. 바닷물은 목마름을 달래주기는커녕 더욱 갈증을 불러온다. 그 결과 그는 죽음에 이를 때까지 계속해서 바닷물을 마실 수밖에 없다. 이것이 바로 갈애이다. 불교 용어인 사랑은 바로 이러한 갈애를 일컫는 것이다.

원수에게 자비를 구하라

얼마 전 아들, 딸과 이야기를 나누던 중에 초등학생과 중학생의 자살 이야기를 화제로 삼았던 적이 있다.

그때 나는 아이들에게, "얘들아, 무슨 일이 있어도 자살 같은 것은 해서는 안 돼"라고 말했다. 그리고 그에 덧붙여서 이런 말도 했다.

"알겠니, 아무리 더러워도 살아 있어야 하는 거야."

그때는 무슨 일 때문인지 시간이 없어서 충분히 이야기를 하지 못했다. 그래서 식구들이 미처 그 뜻을 알아듣지 못했다. 아내마저도 "무슨 그런 이상한 말씀을…" 하고 웃었을 정도였다. 아무리 더러워도 살아야 하다니, 분명 이상한 말이긴 하다. 아무도 내 말의 의도를 제대로 이해하지 못할 것이다.

그때 미처 못다한 이야기를 다시 한번 해보기로 하자.

아직 초등학생인 내 아이들은 학교에서 '바른생활' 공부를 하고 있다. 하기야 요즘은 어떤 내용을 배우는지 잘 알지 못한다. 아이들 공부는 아내가 주로 도와주고 있는데다, 나는 애당초 그 바른생활이란 것이 싫다. 내가 어릴 적에는 '도덕' 시간이 따로 있었다. 지금의 바른생활과 거의 같은 내용일 텐데, 그 당시는 일본이 미국이나 영국과 전쟁 중이었으므로, 도덕이라는 것이 국가의 형편에 맞추어서, 그들과 맞서 싸우고 무조건 많이 죽여야 한다는 내용이었다. 그래서 나는 도덕이 싫었다.

그리고 물론 이런 것도 배웠을 것이다. 모든 친구들과 사이 좋게 지내야 한다고. 물론 친구들과 사이 좋게 지내야 하는 것이 이상적이긴 하지만, 과연 그것이 가능할까? 어릴 적 일을 돌이켜보면, 형제간에 늘 사이 좋게 지내야 한다는 말을 듣지만, 같이 놀다보면 싸움이 나고, 싸우다가 부모님에게 야단을 맞기 일쑤였다. 그럴 때마다 분명 잘못했다고 느끼지만, 어찌된 일이지 번번이 다시 싸움이 일어나곤 했다.

그것은 너무 당연한 일이다. 그러기에 싸우지 말라, 사이 좋게 지내라고 가르쳐도 어쩔 수가 없다. 그런 말을 되풀이하기보다는 차라리 싸울 때는 위험한 물건을 갖고 싸우지 말고 맨손으로 해라! 오히려 이렇게 가르치는 편이 나을지도 모른다는 생각까지 해보았다.

내가 아이들에게 해주려던 말은 바로 불교에 대해서이다.

불교라는 종교가 우리에게 무엇을 가르쳐주는지에 대해 이야기하고 싶었던 것이다. 하지만 미리 한 가지 밝혀둘 것이 있는데, 불교는 애당초 도덕이 아니라는 것이다. 불교에서는 싸움을 하지 말라든가, 사이 좋게 지내라고 가르치지 않는다. 그렇게 잘못 생각하는 사람이 많지만, 내 생각은 다르다.

 물론 불교에서는 싸움을 하라고 가르치지 않는다. 싸움 역시 좋지 않은 일이라고 말한다. 그렇다면 도덕과 똑같지 않느냐고 할 것이다. 분명 거기까지는 불교도 도덕과 마찬가지이지만, 그 다음부터가 다르다.

 불교는 싸움을 해서는 안 되지만, 그럼에도 불구하고 싸움은 일어난다는 사실을 인정하고 있는 것이다. 싸움이 없는 세상은 생각할 수가 없다. 슬픈 일이지만, 아무리 노력해도 다툼은 늘 일어나게 마련이다. 어쩔 수가 없는 것이다.

 그렇다면 다툼이 일어났을 때, 어떻게 하면 좋을까? 그때 불교에서는 이렇게 가르친다.

 "지세요!"

 그것이 불교와 도덕의 큰 차이이다.

 나는 아들에게 언젠가 이런 말을 한 적이 있다. 중학교에 가면 검도를 배우게 될 텐데, 체육시간에 하는 것은 어쩔 수 없지만, 그 이상 검도를 더 배우려고 하지는 말라고. 왜냐하면 검도는 타인을 치기 위한 연습이다. 그리고 진짜 검도는 타인을 죽이는 기술이다. 아들에게 그런 것을 배우게 하고 싶지는 않다.

 만약 아들이 남과 꼭 싸울 수밖에 없다면, 그때는 지는 편을 택하라고 말해주고 싶다. 아들이 남과 싸워서 이기고, 게다가 남에게 큰 상처를 입히는 일은 꿈에도 바라지 않는다.

"그럼 제가 싸움에 져서 큰 상처를 입거나, 심지어 죽어도 좋아요?"

만약 아들이 입을 뾰족이 내밀고 이렇게 물어온다면, 아비로서 뭐라고 답해야 할지 막막할 것이다. 그렇지만 정말로 아들이 그런 상황에 놓인다면, 나는 울면서 상대에게 용서를 구하라고 말하고 싶다.

"제발, 제발, 죽이지 말아주세요. 제발 부탁입니다!"

아무리 보기 흉한 모습이라고 해도 좋다. 상대에게 용서와 자비를 구하는 일이다. 내가 아무리 더러워도 좋다, 그래도 살아야 한다고 말한 것은 바로 이런 경우까지를 생각한 것이다.

땅에 머리를 조아리고 사정한다. 울며불며 목숨을 살려달라고 간청한다. 그래도 어쩔 수가 없다면, 그때는 죽임을 당하는 수밖에 없다. 그것이 불교의 가르침인 것이다.

사바와 인고

불교에서는 이 세상을 사바세계라 부른다. 사바라는 말은 어려운 한자로 씌어 있는데, 이는 차음(借音, 다른 나라 말의 음을 적을 때, 의미에 개의하지 않고 한자의 음을 따서 적는 방법—옮긴이)이다. 본래 고대 인도 어(산스크리트 어)의 '사하'라는 말에 이런 한자를 붙인 것으로, 한자 자체에는 아무런 의미가 없다.

여기서 사하는 '참는다' 는 뜻이다. 아픈 것을 참는다, 괴로운 일을 견딘다, 더위와 추위를 견딘다— 그것이 사하이며, 곧 사바의 의미이다. 그렇기에 사하라는 말을 '인토忍土' 혹은 '감인토堪忍土' 라고도 옮긴다. 자신이 좀 편치 않더라도 다른 사람의 잘못이나 과실을 꾹 참고 견디며 용서하는 것이다.

사람들이 살아가고 있는 사회는 괴로움이 많은 세상이다. 이런저런 싫은 일들도 참으로 많다. 불교에서는 이 세상을 그와 같이 보고 있다. 하지만 즐거운 일도 꽤 많잖아요! 여러분은 그렇게 반론하고 싶을지도 모르지만, 이 세상의 즐거움은 그리 오래 지속되지 않는다. 언젠가 즐거움이 변해서 괴로움이 되기도 한다. 그리고 즐거움과 동시에 괴로움이 있는 경우도 적지 않다.

오래 전에 신문기사를 하나 스크랩해둔 것이 있다. 1977년 8월, 미국에서 있었던 사건이다. 골수암에 걸려 병원에 입원한 12세 소년이 있었다. 소년의 부모는 스타 프로야구 선수에게 아들을 위해서 전화를 해줄 수 없겠느냐고 간절하게 부탁했다.

그 선수는 약속을 지켜 병원으로 전화를 걸어주었다. 그리고 "널 위해 오늘밤 시합에서 꼭 홈런을 칠게"라고 말했다.

소년은 크게 기뻐하며 그날 밤 숨죽이며 TV를 지켜보았다. 그는 과연 멋진 한방을 날려주었다. 소년과의 약속대로 홈런을 친 것이다. 소년의 눈은 몹시도 빛났다.

이때 프로야구 팀의 매니저가 TV 아나운서에게 갑자기 한 장의 메모지를 건네주었다. 아나운서는 그 메모를 읽어나갔다.

"지금의 홈런으로 골수암으로 병원에 입원해 있는 소년과의 약속을 지키게 되었다고 합니다. 아름다운 우정의 홈런입니다."

소년은 그때 알았다고 한다.

"내 병이 암이었구나."

소년은 그렇게 중얼거렸다. 그리고 2주 후, 소년은 하늘나라로 가고 말았다. 참으로 슬픈 이야기이다.

구단의 매니저나 TV 아나운서의 행동이 신중하지 못했음은 부정할 수 없다. 조금만 더 깊이 생각했더라면 좋았을 텐데라는 생각을 하지 않을 수 없다.

하지만 소년의 아버지는 그들을 책망하지 않았다. 왜냐하면 모두가 최선을 다한 일이었기 때문이다. 선수도, 매니저도, 아나운서도 모두가 소년을 위해 그 순간 최선을 다했던 것이다. 그렇게 선의로 한 행동도 약간의 부주의로 정반대의 결과를 낳을 수가 있다. 슬프지만, 그것이 바로 이 세상의 존재방식인 것이다.

내 말을 오해해서는 안 된다. 최선을 다할 필요 없다, 노력해봐야 소용없다고 말하는 것이 아니다. 최선을 다해도, 아무리 노력해도 어쩔 수 없는 일이 있고, 뜻대로 되지 않는 일도 얼마든지 있으며, 때로는 불행해지기도 한다는 점을 알아주었으면 하는 것뿐이다. 그러한 점을 헤아리지 못한다면 타인을 용서하기도 힘들어진다.

이를테면 어른들은 늘 '남에게 폐를 끼치는 사람이 되지 말라'고 가르쳐왔다. 아마 지금도 도덕 시간이면 학교에서 그런 것을 가르치고 있을 것이다. 하지만 남에게 폐를 끼치지 않으려고 노력하는 사람은, 남이 자신에게 폐를 끼쳤을 때 오히려 그를 용서하기가 더 힘든지도 모른다. 자신이 최선을 다해 노력하는 만큼, 오히려 더 화가 날지도 모른다.

내가 하고 싶은 말은 우리는 누구나 남에게 폐를 끼치지 않고는 이 세상을 살아갈 수 없다는 것이다. 불교의 가르침도 마찬가지이다. 아무리 노력해도, 또 아무리 애를 써봐도 남에게 폐를 끼칠 수밖에 없는 것이 세상살이인 것이다.

  그렇기에 불교에서는 이 세상을 '사바' 라고 부르며, '인고' 라 부르는 것이다. 남이 나에게 끼치는 괴로움을 꾹 참고 견뎌내야만 한다.

단념한다는 것

　답은 분명하지만, 좀처럼 딱 잘라서 말하지 못하는 경우가 있다. 예를 들어 선천적인 난청을 앓고 있는 아이에게서, "열심히 치료받으면 제 귀가 나을까요?" 하는 질문을 받게 된다면 어떻게 대답해야 할까? "그래, 언젠가는 좋아질 거야." 그렇게 무책임한 말은 오히려 아이를 상처입히게 될지도 모른다. 하지만 그렇다고 해서 "아니, 네 귀는 아무리 노력해도 고칠 수 없어!"라는 잔인한 말을 어떻게 한단 말인가. 나는 그럴 자신이 없다. 분명 나라면 무책임한 위로의 말을 했을 것이다. 그리고 자신이 무책임한 대답을 한 것 때문에 얼마 동안은 괴로울지도 모른다. 하지만 그러다가 곧 잊어버리고 말겠지.
　그렇다, 나는 잊을 수가 있는 것이다. 잊을 수 있다는 것은 내가 제3자이기 때문이다. 그렇다면 만약 내가 그 아이의 부모라면 어떨까? 부모라면 무책임한 위로의 말은 할 수 없을 것이다. 마음을 모질게 먹고서라도 아이에게 진실을 알려야만 한다.

"네 귀는 영원히 들을 수 없단다. 죽을 때까지 너는 그런 장애를 안고 살아가야 한단다…"

눈물을 쏟으며 그렇게 말한 뒤, 그러한 절망 속에서 해결책을 모색해야 한다. 물론 그 안에 어떤 해결책이 있을 때 그렇다는 말이다. 아무런 해결책도 없다면 절망 그 자체를 받아들일 수밖에 없다. 이제는 절망을 받아들이고 단념한 채 살아가는 수밖에는 달리 도리가 없는 것이다. 불교는 그렇게 가르치고 있다. 아니, 적어도 나는 불교는 그렇게 가르치고 있다고 믿고 있다. 즉, 단념하고 살아가는 것이 불교의 기본적인 태도인 것이다.

하지만 이것은 참으로 오해를 사기 쉬운 말이라는 것도 안다. 왜냐하면 이는 우리가 노력을 해야 할 때, 노력을 게을리하고 쉽게 포기해도 되는 것으로 이해되기 쉽기 때문이다. 종종 단념하는 것과 노력하지 않고 게으름 피우는 것을 같은 뜻으로 받아들이기도 한다.

하지만 불교에서 단념하라고 가르치는 것은 그것과는 근본적으로 다르다. 불교에서는 아무리 노력해도 어쩔 수 없는 절망적인 상황일 때, 그것을 받아들이고 깨끗이 단념하라고 가르치는 것이다. 노력해서 어떻게든 달라지거나 개선해볼 수 있다면, 그럴 때는 반드시 노력을 기울이지 않으면 안 된다. 문제는 그것이 절망적인 상황이냐 아니냐에 달린 것이다. 절망적인 상황뿐이라면, 그때는 받아들이고 단념하라— 그것이 불교의 가르침이다.

여성도 부처가 될 수 있다

"지금은 이런 말이 시대착오적인 것이겠지만, 전통적인 불교에서 본다면 여성은 부처가 될 수 없다고 합니다. 세존이 태어난 고대 인도 사회의 남존여비, 차별의 사상을 반영한 것일 테지만…."

강연회 등을 마쳤을 때, 불교는 여성을 어떻게 보고 있는지에 관한 질문을 받을 때마다 나는 이런 궁색한 답변을 해왔다.

원시불교 경전에는 분명 여성 경시적인 사고방식이 존재한다. 예를 들어, 출가자가 여색에 빠지는 것을 경계하기 위해 '똥오줌으로 가득 찬 여자'는 애초에 어떤 존재이던가 하며 호된 말을 던지고 있다. '똥오줌으로 가득 찬 여자'라는 말이 틀린 것은 아닐 테지만, 그렇다면 남자 역시 마찬가지가 아닌가. 하지만 경전에 그렇게 적혀 있는 것은 사실이다.

또한 산스크리트 어로 '붓다'라는 말은 남성명사이다. 붓다에 여성형은 존재하지 않는다. 그것은 여성은 붓다가 될 수 없다고 여겨졌기 때문이다. 불교학자들은 그렇게 설명한다. 문헌적인 결론으로는 그것으로 족할지도 모른다.

대승불교에는 '변성變成 남자의 원願'이라는 사고방식이 존재한다. 대승불교에서도 여성은 부처가 될 수 없다고 여겨지고 있는 것이다. 그렇기에 여성은 일단 남자로 다시 태어나야 부처가 될 수 있다고 하는 사상이다. 그래서 내세에는 남자로 태어나기를 바라는 것이 바로 '변성 남자의 원'인 것이다. 슬프고도 애처로운 바람이 아닌가.

학문적으로는 그렇다는 이야기이다. 하지만 우리까지 그렇게 시대에 뒤떨어진 사고에 얽매일 필요는 없다. 그런 사고방식에 고착되어 있다면, 불교는 점점 더 시대에 뒤떨어진 종교가 될 것이다.

나는 늘 마지막에 억지로 꿰어맞춘 듯한 코멘트를 해왔다. 그리고는 내심 조마조마했다. 만약 누군가가 "그럼 현대불교에서는 여성도 부처가 될 수 있다고 생각해도 좋은가요?"라고 재차 질문을 해온다면, 어떻게 대답을 해야 할지 자신이 없었기 때문이다.

그러면서 한편으로는 부처의 가르침을 그대로 믿으면서 현대를 살아가는 사람으로서 생각할 바는 없을까를 진지하게 고민해보았다. 현대를 살아가는 불교도로서, 이 문제를 어떻게 받아들이는 것이 옳을까 하는 점을 생각해보고 싶었던 것이다. 그때 나는 중요한 사실을 깨달았다. 이제까지 나는 정토淨土에 대해서 잘못 이해해왔던 것이다.

정토란 부처의 땅, 부처의 세계이다. 그런데 그것을 잊고 정토를 현세의 연장선 위에서 생각하고 있었던 것이다. 현세는, 불교식으로 말하면 사바라 불러야 할 테지만, 차별의 세계인 것이다. 이 차별이라는 말은 남자와 여자를 차별하고, 미녀와 추녀, 선인과 악인, 자본가와 노동자를 차별하는 것인데, 바로 이것이 사바세계이다. 학교에서는 공부 잘하는 아이와 못하는 아이를 차별한다.

  차별하고 싶지 않지만, 차별하지 않고는 살아갈 수가 없는 것이다. 안타까운 일이지만, 그것이 이 사바세계의 모습이다. 그 이외에 다른 것은 있을 수가 없다. 우리는 이 사바세계 안에서 차별하며 살아갈 수밖에 없는 것이다. 그것이 인간의 숙명인지도 모른다.

  그렇지만 정토는 다르다. 부처의 세계인 정토는 그런 차별을 초월한 세계인 것이다. 정토에서는 선인도, 악인도 없다. 이미 선과 악을 초월한 세계이기 때문이다. 선과 악을 차별하지 않고도 살아갈 수 있는 세계이기 때문이다. 그것이 바로 정토이며, 그와 같은 세계가 정토임을 진정으로 깨달았을 때, 우리는 비로소 정토의 존재를 믿을 수 있을 것이다.

  그것을 깨닫지 못하는 한, 정토 역시 이 사바세계와 다를 바 없는 세계가 되고 만다. 또한 정토도 어디에도 존재하지 않는 세계가 되어버린다. 부끄러운 이야기이지만, 불교 공부를 시작한 지 20년이 지나서야 겨우 그런 사실을 깨달을 수 있었다.

  여성은 성불할 수 없는 것일까?

  누군가 지금 나에게 그렇게 묻는다면, 나는 자신있게 대답할 수 있다. 여성도 부처가 될 수 있다고. 왜냐하면 정토에는 본래 남자와 여자의 차별이 존재하지 않기 때문이다. 우리는 남자와 여자를 차별해서 생각하고, 그와 똑같은 차별의 눈으로 정토를 바라보아서는 안 된다. 오히려 그런 식으로 차별하는 남자야말로 성불할 수 없는 것이 아닐까? 나는 최근에 와서야 그런 생각을 할 수 있었다.

사바세계의 삶의 방식

펜을 손에 든 순간, 옛날에 본 영화의 대사가 떠올랐다. 형무소 문을 막 나서던 남자 주인공이 담배 연기를 길게 내뿜으면서, "아, 사바세계의 공기는 역시 다르군!"이라고 중얼거리는 장면이었다.

그 영화를 볼 때는 별 감흥이 없었지만, 지금 생각해보니 이는 조금 별난 대사가 아닐 수 없다. 사실, 지옥—형무소나 감옥—에서 보면, 이 사바세계는 자유로운 동경의 세계인지도 모른다. 하지만 부처의 세계나 극락, 정토에서 보자면, 사바는 괴로움의 세계인 것이다. 바로 그 점을 가장 먼저 분명하게 인식해주기 바란다. 문제는 여기서부터 시작되는 것이니까.

수인들은 하루라도 빨리 출옥할 수 있기를 기다린다. 즉, 이 사바세계를 동경하는 것이다. 그것은 너무도 당연한 일일 것이다.

그렇다면 이 사바세계에 사는 우리 범부 역시 정토를 동경하고 있을까? 하루라도 빨리 정토 세상으로 가기를 바라는 것일까? 아니, 그렇지는 않을 것이다. 오히려 그 반대라고 할 수 있다. 사바가 괴로움의 세계임에도 불구하고 여전히 여기에 매달려 있으려 한다. 대체 무엇 때문일까?

사실 이 물음은 제자인 유원방이 스승인 신란 성인에게 물었던 것이다.

"서둘러 정토에 가고 싶은 마음이 없는 것은 어째서 그렇습니까?"라고 유원방은 비통한 심정으로 물었다.

이에 신란 성인은 "유원방아, 그것은 나도 마찬가지이다"라고 대답하셨다.

신란 성인 같은 사람도 우리 범부와 똑같다고 말씀하신 것이다. 그리고 덧붙여 그 이유를 다음과 같이 설명하셨다.

내 나름대로의 역설적인 표현으로 설명하자면, 이 사바세계가 바로 헤맴의 세계이기 때문이다. 헤맴에서 벗어난 사람, 깨달음을 얻은 사람에게 이 사바는 더 이상 사바가 아니다. 사바가 헤맴의 세계라면, 사바에는 길을 잃은 범부가 살고 있다. 그리고 사바에 사는 범부는 헤매고 있기에, 사바에 집착하게 되는 것이다. 집착이란 하나의 헤맴이다. 헤맴의 세계를 떠나고 싶지 않아 계속해서 헤매며 살고 있는 존재가 범부이며, 헤맬 수 있는 범부가 사는 세계가 바로 사바인 것이다. 좀 복잡하게 들릴지도 모르지만, 이야기는 간단하다. 요컨대, 헤매고 있기에 떠나고 싶지 않다고 집착하는 것이다.

이러한 이유를 분명히 한 다음, 신란 성인은 다음과 같이 말씀하셨다.

"비록 아쉬움이 남을지라도 사바의 연이 다했을 때는 그곳으로 가게 될 것이다."

마침내 이 세상과의 인연이 다했을 때, 우리는 정토에 가게 된다는 말이다. 담벼락에 달라붙은 담쟁이 잎사귀가 겨울이 되면 저절로 말라 떨어지듯이, 우리 역시 마지막에는 조용하게 정토에 가 닿을 수 있는 것이다. 조금도 무리해서 정토에 가려고 생각할 필요가 없는 것이다. 신란 성인은 그렇게 말씀하고 계시다.

'사바의 연이 다해서'라는 말은 내가 무척 좋아하는 말이다. 그렇다면 우리는 최대한 이 사바세계에 매달려 있을 수밖에 없다. 집착하고, 헤매고, 매달리고… 그것으로 족하다. 그것이 바로 사바세계의 삶의 방식인 것이다.

해탈, 마음의 자유

해탈이란 속박에서 벗어나 자유로워지는 것이다. 우리 범부의 마음은 온갖 번뇌에 속박되어 있다. 여자를 사랑한 남자도, 남자를 사랑한 여자도 모두 그 마음은 상대에게 속박되어 있다. 사랑이란 복종이고, 속박이며, 그리고 번뇌이다. 사랑에 속박되어 마음은 무수히 헤매게 된다.

미움 역시 마찬가지이다. 일단 마음속에 불타오른 미움의 불길은 좀처럼 끄기 어렵고, 게다가 몸도 마음도 초조함에 불탄다. 우리는 미운 상대에 대한 증오 때문에 잠 못 들고 긴 밤을 밝히는 일이 얼마나 많은가. 사랑이나 미움이나 모두 마음의 속박인 것이다.

또한 우리가 휘둘리기 쉬운 것 중에 물욕이 있다. 무엇인가를 갖고 싶어 하고, 원하는 것을 얻지 못했을 때는 심히 애석해하며, 게다가 자신이 갖고 있는 무엇인가를 내놓아야 할 때 우리의 마음은 몹시도 괴로워한다. 수전노는 재물이 쌓이면 쌓일수록 그 욕심의 도도 더해진다고 한다. 욕망은 끝이 없는 모양이다.

즉, 사랑과 미움, 물욕과 권력욕, 명예욕… 그런 온갖 집착이 우리의 마음속에서 소용돌이치고 있다. 그리고 그 집착이 커다란 속박이 되어 우리는 윤회를 거듭하고 있는 것이다. 흡사 저 인공위성처럼.

인공위성이 지구 주위를 계속 도는 데는 그 어떤 동력도 필요하지 않다. 맨 처음 쏘아올려진 속도로 회전을 계속한다. 물리학 용어로는 관성이라고 한다. 그 위성이 우주공간 저편으로 날아가버리지 않는 것은 거기에 인력이 작용하고 있기 때문이다. 곧장 날아가버릴지도 모를 위성을 인력으로 잡아당겨 계속 회전시키고 있는 것이다.

이러한 비유를 그대로 인용하자면, 우리 인간이 회전을 계속하는 데는 그 어떤 동력도 필요하지 않다. 바꿔 말하면, 우리 마음의 집착이 흡사 인력처럼 작용하고 있는 것이다.

끈 끝에 매단 돌이 끈의 인력으로 회전하는 것과도 같다. 그리고 그 끈을 가위로 잘라버렸을 때, 돌맹이는 곧장 저편으로 날아가버리는 것처럼, 마음의 집착을 그렇게 끊어낼 수 있다. 그렇게 되면 존재는 윤회의 고리를 끊어내고 저 멀리 사라지게 된다. 그것이 바로 해탈이다.

이처럼 해탈이란 윤회로부터의 벗어남이며, 또한 속박에서 풀려나 자유로워지는 일이다. 그리고 속박이란 우리들 범부가 지닌 사랑이나 미움, 물욕, 자만심, 본능 등의 온갖 집착의 마음들이다. 집착하기 때문에 마음이 구속되어 자유가 없는 것이다. 집착을 벗어버리면 마음은 저절로 자유로워진다. 그러한 마음의 자유가 바로 해탈이다.

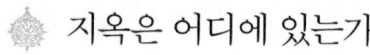 지옥은 어디에 있는가

　백은선사는 에도 시대 강호의 유명한 선승이다. 어느 날 선사에게 무사 한 사람이 찾아왔다.
　"선사님, 지옥과 극락은 어디에 있습니까?"
　무사는 백은의 명성을 듣고는 그의 내공이 과연 얼마나 되는지를 시험해 보고 싶은 마음이 들었다. 하지만 백은선사는 그렇게 호락호락한 인물이 아니었다.
　"지옥과 극락 자리나 걱정하다니, 당신이야말로 정말 한심한 무사로군."
　선사는 딱 잘라 말했다. 그러자 무사는 발끈하지 않을 수 없었고, 선사는 이에 아랑곳하지 않고 무사를 더욱 조롱했다.
　"아무리 고승이라고 해도 이렇게 사람을 우롱하다니 용서하지 않겠다!"
　마침내 분기탱천한 무사는 칼을 뽑아들었다. 선사는 이리저리 몸을 피하면서 무사를 더욱 놀려주었다. 그러자 이제는 무사도 더 이상 돌아보지 않고 칼을 날렸다. 백은선사는 그 칼날을 피하면서 이렇게 말했다.

"자, 바로 지옥문이 열렸도다!"

그때 무사는 퍼뜩 깨달아지는 것이 있었다.

그는 그 자리에 주저앉아 숨을 몰아쉬면서, 선사에게 자신의 경솔함을 사죄했다.

"선사여, 저의 무례를 너그러이 용서해주십시오."

그러자 백은선사는 대답했다.

"자, 이제 극락문이 열렸도다!"

참으로 절묘한 비유가 아닐 수 없다. 지옥과 극락이 바로 우리의 마음속에 있다는 사실을 이 이야기는 가르쳐준다. 마음을 어떻게 갖느냐에 따라 같은 곳이 지옥도 될 수 있고 극락도 될 수 있음을 이 이야기는 보여주고 있다.

이와 비슷한 이야기들이 수많은 설법 가운데 들어 있는데, 다음 이야기도 그중 하나이다.

지옥과 극락의 목욕탕이 바로 옆에 붙어 있었다. 흡사 동네 목욕탕의 남탕과 여탕처럼 말이다. 지옥탕과 극락탕도 크게 다를 바 없이 비슷하게 생겼다. 커다란 탕의 크기도 서로 엇비슷했으며, 몸을 씻는 곳의 넓이도, 또 그 안에 있는 사람 숫자까지도 엇비슷했다. 양쪽 모두 만원이었던 것이다. 그렇기에 지옥탕에서는 곳곳에서 서로 헐뜯고 싸우는 소리가 끊이지 않았다. 물이 튀었다는 둥, 발을 밟으면 어떡하느냐는 둥 말다툼이 그치지 않았고, 어느 구석에선가는 벌거벗은 채로 주먹다짐까지 오갔다.

하지만 극락탕의 모습은 전혀 달랐다. 모두들 편안한 얼굴 그 자체였다. 어째서일까? 이번에는 여러분이 직접 상상해보기 바란다. 다시 한번 말해두지만, 극락탕 역시 넓이는 똑같았고, 사람 수도 결코 적지 않았다.

극락탕에서는 사람들이 서로 원을 그리며 앉아서 다른 사람의 등을 닦아주고 있었다. 비좁은 곳에서 자신의 등을 직접 닦으려면 아무래도 남과 부딪치기 십상이다. 하지만 나는 당신의 등을, 그리고 당신은 또 다른 사람의 등을… 이런 식으로 서로 닦아줄 수 있다면 훨씬 수월해진다.

그것이 바로 극락이다. 극락이란 지옥과 크게 다른 장소가 아니다. 지옥이든 극락이든, 사바든 정토든 모두 같은 곳이다.

다른 것이 있다면, 그곳에 살고 있는 인간의 심성이다. 마음가짐을 달리하는 것만으로, 그곳은 지옥도 될 수 있고 극락도 될 수 있음을 이 이야기는 우리에게 다시 한번 되새기게 한다.

| 제4장 |

정진 精進

여유롭게, 그리고 노력을…

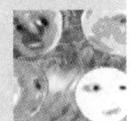

정진이란 노력을 의미한다. 불교 수행을 하고자 하는 것을 말한다. 재가 불자도 한 달에 며칠은 승려처럼 생활하는 관습이 있다. 그런 날을 정진일이라고 한다. 그리고 정진일에는 스님들처럼 생선과 고기를 먹지 않는다. 생선과 고기를 사용하지 않은 요리를 정진요리라고 한다.

◆ 노력과 미망

  29세에 출가한 세존은 6년간의 수행 후, 35세에 깨달음을 얻으셨다. 부다가야의 땅, 한 그루의 보리수나무 아래서였다.

  항마성도降魔成道, 불경은 보리수나무 아래서의 세존의 깨달음을 항마성도라고 한다. 왜냐하면 깨달음의 직전, 세존은 악마들과 큰 싸움을 하셨기 때문이다. 악마와 싸우며, 그 악마를 항복시킴으로써 세존은 깨달음을 얻으셨던 것이다. 따라서 항마와 성도는 동전의 양면에 해당된다.

  악마란 산스크리트 어로 '마라魔羅'라고 한다. 마라는 천마天魔라고도 불린다. 천마란 천계에 사는 악마라는 뜻이다. 그럼 왜 마라는 천계에 사는가?

  천天, 즉 여기서 하늘이라는 것은 '하늘조차 오를 것 같은 마음이 든다'라는 의미로서의 하늘이다. 기쁠 때와 즐거울 때, 우리의 마음은 마치 하늘에 있는 것 같은 기분이 든다. 천계라고 하는 것은 그런 마음이 있는 장소인 동시에 그런 마음의 상태를 말한다.

마음 상태로서의 천계에는 여러 단계가 있다. 우리 같은 범부가 때때로 느낄 수 있는 천계, 또는 선의 수행자가 좌선을 통해 도달할 수 있는 무념 무상의 경지, 그 위로는 부처나 보살이 자유로이 법열의 상태로 있을 수 있는 경지가 있다.

그리고 범부가 느낄 수 있는 천계에도 여러 단계가 있다. 무심으로 피아노를 치거나 독서삼매에 빠질 때, 그런 무심이나 삼매도 낮은 차원이기는 하나 천계의 경지이다. 그 위에는 범부이면서 불도를 배우고 불도에 귀의하고자 하는 기분으로 꽉 차 오르는 경우이다. 이때의 기분이야말로 참으로 범부로서 가질 수 있는 최고의 천계의 심경이다.

'마라가 천계에 있다'라고 하는 그 천계는 최후의 천계를 말한다. 그것을 굳이 불교 용어로 말하면 욕계인 제6천을 말한다. 욕계란 욕망과 번뇌의 세계, 다시 말해 범부의 세계이다. 그러나 욕계에도 천계의 경지가 있어 제1천에서 제6천까지 단계를 구분해놓고 있다. 제6천은 욕계의 최고천이다. 여기에 악마가 산다.

이것은 중요한 일이다. 인간이 최고가 되기 위해 노력할 때, 그 최고의 자리에 바로 악마가 있다는 것이다. 일보 일보 앞으로 나아가는 인간은, 그 일보 일보 내디딜 때마다 악마와 싸우며, 그 싸움을 이겨내야만 한다. 불교에서 악마를 천마라고 부르는 것은 이런 연유 때문이다. 나는 이렇게 받아들이고 있다.

거꾸로 말해보면 다음과 같다. 우리가 아무런 노력도 하지 않고 빈둥빈

등 나태하게 산다면 천마가 등장하지 않는다. 천마는 그런 인간을 상대할 필요가 없기 때문이다.

  천마는 원래 불도 안에 있다. 불도의 정진을 계속할 그때 천마는 나타나 우리에게 속삭인다. 따라서 우리는 그 천마의 속삭임, 즉 성적 유혹, 욕망과 혐오, 기갈과 망집, 태만, 공포, 의혹, 아집의 속삭임에 대항하면서 정진하지 않으면 안 된다.

  노력하는 한 인간은 헤맬 수밖에 없다. 헤매지 않는 인간은 이미 끝난 인간이다. 그래서 천마는 노력하는 인간에게는 미망에 불과하다. 따라서 역설적인 의미이지만 천마의 출현은 결국 환영받아 마땅한 일이 아니겠는가? 그것은 곧 우리가 계속 노력하고 있다는 증거이기 때문이다.

여시아문如是我聞

오백나한.

오백나한의 내력은 제1회 결집結集이라 불리는 성전聖典 편찬회의에 있다. 세존께서 열반에 든 직후 500명의 제자들이 마가다 국 왕사성 교외에 있는 칠엽굴七葉窟에 모여 회의를 열었다. 이는 역사적 사실이다. 그들은 석가모니불 생전에 직접 부처님의 가르침을 받은 사람들이었다. 자신들이 배운 것이 무엇인지를 확인하기 위해, 또 각각의 가르침을 받은 기억을 서로 맞춰보기 위해 500명의 제자가 한 자리에 모여 서로의 체험을 이야기했다. 그것이 제1회 결집이자, 500명의 이름을 빌려 '오백결집'이라고 불리고 있다. 오백나한은 그때 참가했던 500명의 제자들을 말하는 것이다.

잘 알겠지만, 불교 경전은 '여시아문如是我聞— 나는 (석가모니 부처님으로부터) 이와 같이 들었노라'는 말로 시작한다. 이것이 정해진 경전의 스타일이라고 옛날부터 알려져왔다. 그러나 지금 새롭게 오백나한의 일을 생각해보며, 나는 이 '여시아문' 넉 자에 또 다른 의미가 있다는 것을 알게 되었다.

오백나한 중에는 참으로 다양한 타입의 인간들이 있었을 것이다.

예를 들어, '주차반탁가注茶半託迦'라고 불리던 나한은 16나한의 한 사람인데, 그는 머리가 나쁜 제자여서 세존에게 배운 시구 한 구절을 암송하지 못했다. 그래서 석가는 이 나한에게 신발 빠는 일을 시켰다. 그는 "먼지 털기, 먼지 털기"를 암송해가면서 열심히 그 일을 하였고, 마침내 보기 좋게 깨달음을 얻었다.

주차반탁가에게는 주차반탁가만의 여시아문이 있었던 것이다.

라운비구(羅云比丘, 석가의 아들로 라후라 비구)에게는 라운비구만의 여시아문이 있었다.

빈두로비구(賓頭盧比丘, 중인환시리에 신통력을 발휘하다 부처님께 꾸중을 들은 비구)에게는 빈두로비구만의 여시아문이 있었다.

오백나한에게는 각각의 여시아문이 있어야만 한다.

그러한 오백나한의 여시아문이 있기에 우리는 석가모니 입멸 후 2,500년이 지난 지금에 이르러서도, 인도에서 머나먼 땅인 이곳에서도 불교를 배우는 것이 아니겠는가. 단 하나의 가르침, 단 하나의 여시아문밖에 없었다면, 시대가 변하고 장소가 달라졌을 때, 그 가르침은 진작 사라져버렸을 것이다. 이런 점에서 나한은 현대를 살아가는 우리에게 불교를 전해준 위대한 은인임에 틀림없다. 우리는 이에 감사하며, 그리고 우리도 스스로의 여시아문을 가지지 않으면 안 된다.

석가모니불의 가르침을 그저 과거의 사상 정도로만 이해하면 안 되는 것이다. 우리는 주체적으로 그것과 대결하고, 받아들여 자신의 것으로 만들어야 한다. 그래야 비로소 불교가 현대에도 살아 있는 것이 되는 것이다. 그리고 그것이야말로 불교를 다음 세대로 전하는 유일한 길이다.

위대한 포기

출가란 '위대한 포기'이다. 아내를 버리고, 자식을 버리고, 모든 세속의 욕망을 포기한다. 그리고 절대적인 '깨달음'을 구하는 것이 바로 출가이다.

그렇기에 출가란 이만저만한 결단 없이는 이루어낼 수 있는 것이 아니다. 강인한 의지의 힘으로 세속의 욕망과 의리와 그 굴레를 감연히 끊어내지 않으면 안 된다. 그것을 할 수 있는 사람만이 출가가 가능하다. 강건한 의지를 가지지 못한 자는 출가를 하고 싶어도 할 수가 없다. 따라서 출가를 할 수가 있는 사람은 소수의 엘리트에 한한다.

실은 이 점이 대승불교가 소승불교를 비난하는 하나의 이유이다. 소승불교는 '출가 지상주의'를 설한다. 출가를 한 자만이 최고의 절대적 깨달음을 얻을 수 있고, 참된 진리를 얻을 수 있다는 것이다. 그렇다면 출가하지 못한 사람은 어찌되는 것일까?

그렇다. 소승불교의 주장에 의하면, 출가를 하지 않거나 할 수 없는 재가불자는 참된 의미에서의 깨달음을 얻을 수 없다고 한다. 출가를 한 소수의 엘리트만이 깨달음을 얻을 수 있을 뿐, 나머지 수많은 범부는 깨달음을 얻을 수 없다는 것이 바로 소승불교의 주장이다.

이래서는 안 된다!

이러한 주장이 다름아닌 대승불교의 목소리이다. 출가를 하고 싶어도 여러 가지 사정이 있어 출가할 수 없는 사람. 나나 여러분처럼 아내와 자식이 있고, 아내와 자식에 대한 애정이 깊어 이러지도 저러지도 못하는 대다수의 사람들, 그런 범부는 도대체 어쩌란 말인가? 이런 범부는 그냥 버려두는 것이 불교라는 말인가? 이것이 소승불교에서 시작한 '출가 지상주의'에 대한 대승불교의 비판이다. 따라서 대승불교는 당연히 출가를 하지 않고도 궁극의 깨달음을 얻을 수 있다고 주장한다. 뿐만 아니라, 재가한 상태로도 깨달음을 얻을 수 있다는 것이 다름아닌 대승불교의 결론이다.

여기서 대승불교는 ―《유마경維摩經》에서도 일컬어지는 바와 같이 ― 형식적인 출가가 아닌 정신적인 출가를 설했다. 자신의 마음속에서 '집'을 버리기만 하면 된다는 것이다. 바꿔 말해서, '집'에 집착하는 마음만 없어지면, 거기에 바로 출가가 있다는 생각이다.

이는 곧 대승불교에서도 너무 '가업'에 전념하지 말라는 말은 아닐까. 일을 열심히 하면 할수록 일에 집착하게 된다. '전념'이라는 말과 '집착'이라는 말에는 꽤 큰 차이가 있어 보이지만, 세세히 따져보면 같은 말이다. 이렇게 깊이 따져본 바에 따르면, 세속의 일에 너무 전념하지 말라는 것이 불교의 가르침이라 생각된다. 얼핏 의표를 찌른 듯한 결론이 되어버렸지만, 논리적으로 생각해봐도 그런 결론에 도달하지 않을 수 없다. 이렇게 말하면 오해를 불러일으킬 위험이 있지만, 그래도 나는 자신있게 단언하고자 한다.

뿐만 아니라, 나는 불자로서의 삶의 방식에 관해 생각해보고자 하는데, 그것은 바로 세속의 일에 너무 매달리지 말라는 것이다. 이것은 무엇이든 열심히 노력하는 것이 나쁘다는 뜻이 아니다. 우리는 열심히 노력해야 하는 사람이고, 경우에 따라서는 열심히 노력하지 않으면 안 되는 사람이기도 하다. 하지만 인간이라고 하는 것은 열심히 하면 할수록, 아무래도 다른 사람에 대해 협량해지기 쉽다. 나는 이렇게까지 노력했다, 그러니 다른 사람도 그만큼 노력해야만 한다는 식의 생각에 사로잡히기 쉽다. 그렇게 되면 다른 사람의 노력은 언제나 모자라는 것처럼 보이게 되는 것이다.

하지만 세상에는 아무리 노력해도 안 되는 사람이 있다. 본래 저마다 타고난 능력의 차이가 있어 처음부터 경쟁이 안 되는 사람도 있다. 혹은 실패한 사람도 있다. 노력가나 노력해서 성공을 거둔 사람은 이러한 약자, 낙오자, 실패자에 대한 배려가 부족하다. 때로는 스스로의 성공을 앞세워 약자를 업신여기기도 한다.

불교를 이해하기 어려운 점은 바로 여기에 있다. 왜냐하면 불교에서 가장 중요하게 여기는 것은 약자에 대한 배려이기 때문이다. 그것을 잊고는 불교가 존립할 수 없다. 이러한 점에서 볼 때 세속적인 의미의 성공이나 실패 따위는 아무래도 상관없는 것이 된다.

다시 말해, 세속적인 의미의 성공과 실패가 유일한 절대가치라는 생각을 버리고, 그것에 집착하지 않는 것이 중요하다. 그렇게 하면 저절로 약자에 대한 배려가 생기고, 무엇보다 우리 자신의 삶이 자유로워진다.

그런 자유로운 삶의 방식이 바로 불자로서의 삶의 방식인 것이다.

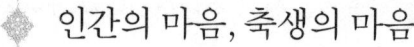 인간의 마음, 축생의 마음

본래의 진면목이란 무엇인가? 이는 선 사상의 공안(公案, 도를 깨치게 하기 위해 내는 과제—옮긴이)에 해당하는 주제이다. 아니, 이것은 말 그대로 공안이다. 당나라의 선승인 임제의현은 이렇게 갈파하고 있다.

"적육단상赤肉團上에 일무위一無位의 진인眞人이 있어, 항상 여등제인汝等諸人의 면문面門에서 들락거린다. 아직 증거証據할 수 없는 자는 보라, 볼지어다!"

적육단이란 우리의 살아 있는 육신을 말한다. 그러한 육신 위에, 육신과는 별개의 일무위의 진인이 있다. 다시 말해, 사장이나 과장, 대학교수, 채소장수라고 하는 지위나 직함이 아닌, 있는 그대로의 진실한 한 인간이 있는 것이다. 그리고 그 있는 그대로의 진인이 눈, 코, 입으로 들락거리는데, 어째서 너희는 그것을 눈으로 보지 못하는가! 임제선사는 바로 그렇게 말하고 있다. 있는 그대로의 인간이 바로 '본래의 진면목'일 것이며, 이는 말 그대로의 공안이다.

하지만 나로서는 그것을 제대로 알 도리가 없다. 그저 아는 척하면서 이렇게 이상한 글이나 쓰고 있어서야, 선승에게 야단을 맞기에 딱 알맞다.

그렇다면 이제 내가 아는 일본 사람에 대해 써보겠다. 나를 포함한 일본 사람들은 일을 너무 많이 한다. 땀범벅이 되어 소처럼 일한다. 주위를 보아도 유급휴가를 다 쓰는 사람은 많지 않다. 상가의 가게는 5일 근무제라고는 하지만 주 1회조차 쉬지 않는 가게도 많다.

거기다 파트타임에 아르바이트까지. 큰돈이 되지 않는데도 주부들은 아르바이트에 열을 올린다. 내 집 마련의 꿈을 실현하기 위해 그토록 열심히 일하는 것일까? 그냥 임대 아파트에 살면 될 것을 왜 그렇게 내 집, 내 집 해야만 하는 것일까? 나는 그들에게 아등바등거리며 살지 말라고 말해주고 싶어진다.

우리는 어느새 '이코노믹 애니멀'이 되고 말았다. 이코노믹 애니멀의 '애니멀'은 불교 용어로 '축생'이다. 지옥地獄, 아귀餓鬼, 축생畜生, 수라修羅, 사람, 천天의 육도六道 윤회 중의 축생도畜生道에 우리 모두가 처박혀 있는 것이다. 이코노믹 애니멀을 다른 말로 하면 수전노이다. 이래 불러도 저래 불러도 '인간'은 아닌 것이다. 그렇다면 인간이 아닌 우리는 '본래의 진면목'조차 없는 것이 아닐까 하는 시니컬한 생각마저 든다.

우리는 사람답게 살기 위해서 일을 한다. 프랑스 사람들은 분명하게 인간은 놀기 위해서 일한다고 말한다. 그런데 우리는 일하기 위해 쉰다. 이래서야 소나 말하고 다를 것이 없다. 축생은 일하기 위해 태어난 존재들이다.

147

그러한 축생과 인간이 같은 취급을 받아서야 되겠는가.

 지금 불교가 우리에게 가르쳐야 하는 것은 '사람들이여, 좀더 사람다운 삶을 영위하라'고 하는 것이라 생각한다. 맹렬 회사원, 콩나물 시루 같은 교실, 낭비와 허영으로 가득 찬 생활… 우리는 너무나 정신없이 바쁘게 산다. 그런 탓에 중학생들까지도 비행을 저지르게 되는 것이다. 우리는 좀더 게으르게 살 필요가 있다.

 그렇다면 어떻게 게으름뱅이가 될 수 있을까? 그것은 오직 하나, 스스로 물욕을 다스리는 일이다. 이것도 갖고 싶고 저것도 갖고 싶다는 생각을 버리면, 그런대로 유유자적하면서 살 수 있다. 그런 것을 가르치는 것이 바로 불교의 역할이다. 그런 나의 생각이 틀린 것일까?

억지로 태연한 척하기

　남자는 대체로 억지로 태연한 척하는 종족이다. 그에 비해 여자는 비교적 솔직한 편이다. 여기서 특별히 여자를 칭찬하려는 것은 아니다. 억지로 태연한 척하는 것과 게다가 비뚤어진 심사를 자인하는 나로서는, 그에 대한 약간의 비판을 가하고 싶은 것이다.
　남자가 억지로 태연한 척하는 것은 평소 훈련의 결과이다. 예를 들어, 동료 중 누군가가 과장으로 승진했다 치자. 그럼 과장으로 승진하지 못한 동료는 이렇게 말한다.
　"과장이란 스트레스만 많이 받지 생각만큼 좋은 자리가 아냐. 잔업 수당도 못 받으면서, 부하 직원들을 거두기만 해야 하잖아. 아, 나는 과장이 되라고 해도 싫다고!"
　정말로 출세에 뜻이 없는 사람이 천에 하나는 있을지도 모른다. 그렇지만 이런 말을 공공연히 하고 다니는 남자들의 대부분은 과장이 되고 싶은 것이다. 그럼에도 불구하고 이런 말을 잘도 해댄다. 얼마나 기특한 존재들인가.

이에 비해 솔직한 여자는 직설적으로 자신의 감정을 표현한다.

"정말 분하고 억울해!"

다시 말해 여자는 희로애락을 아무런 굴절 없이 표현하고도 태연하다. 이 점이 남자들로서는 도저히 흉내조차 낼 수 없는 점이다.

《열반경涅槃經》에 다음과 같은 이야기가 나온다.

어떤 집에 아름다운 여자 한 사람이 찾아왔다. 화려한 드레스를 입은 기품 있는 차림새였다. 그녀가 집주인에게 말하기를, "나는 길상천吉祥天입니다. 복덕을 베푸는 사람이지요"라고 했다. 주인은 기뻐하며 그녀를 안으로 맞아들였다.

그런데 뒤를 보니 또 다른 여자가 문 앞에 서 있는 것이었다. 이 여자는 추녀에다 누더기 차림이었다.

"너는 누구이냐?"

"저는 흑암천黑闇天입니다."

그녀는 그렇게 자신을 밝혔다. 그녀가 가는 곳마다 꼭 불행이 일어나는 재앙의 신이었던 것이다.

"어서 썩 꺼져! 그렇지 않으면 널 죽여버릴 테야!"

주인은 흑암천을 바로 쫓아내려 했다.

그러자 그녀는 주인을 향해, "당신은 참 어리석군요. 길상천은 나의 언니입니다. 그리고 우리 둘은 언제나 함께 행동하지요"라고 말했다.

흑암천은 그렇게 말하고 그 자리에서 사라졌다. 그러자 복덕의 신인 길상천도 동생을 따라 그 집을 나가고 말았다.

재미있는 이야기가 아닌가. 인생이나 이 세상은 좋은 일만 있는 것이 아니다. 좋은 일과 나쁜 일은 언제나 한 쌍이 되어 돌아다닌다. 그럼에도 불구하고 우리는 좋은 일만을 구하려고 한다. 그것이 바로 어리석은 일임을 《열반경》의 이야기가 우리에게 가르쳐주고 있다.

그리고 이러한 태도는 남자보다 여자에게서 더 많이 보여지는 듯하다. 남자가 애써 태연한 척하는 것은 은연중에 길상천과 흑암천이 자매간인 것을 피부로 느끼고 있기 때문이다. 친구가 미인 아내를 얻으면 질투심을 누르기 위해서라도 "미인은 차가워. 게다가 혹시라도 아내가 바람이라도 피우지 않을까 걱정 그칠 날이 없을 거야. 아내라는 것은 손발이 있고 말귀를 알아들어주는 것만 해도 오감치"라며 스스로를 타이른다. 남자는 매일같이 이런 훈련을 쌓아오고 있는 것이다.

그러나 여자는 이런 점에서 천진난만하다. 결혼상대로 엘리트 사원을 원하는 여자들은 엘리트 사원이란 곧 가정보다는 회사일을 우선하기에 능력을 인정받는 사원이라는 것을 곧잘 잊어버린다. 시어머니와 함께 살지 않는 것이 분명 편하기는 할 것이다. 그렇지만 함께 살지 않으면 시어머니에게 아이를 맡기고 동창회에 나가기도 쉽지 않다. 말하자면 모든 것에는 일장일단이 있는 것이다. 길상천을 원하면 동시에 흑암천도 함께 온다. 그러니 여자들도 얼마쯤은 남자들의 태연한 척하는 그런 모습을 흉내내어 길상천까지도 거부할 수 있는 마음가짐을 가져볼 일이다.

　아니, 사실을 말하자면 남자들의 태연한 처하는 태도도 그리 칭찬할 만한 것은 못 된다. 그보다는 오히려 적극적으로 흑암천까지도 초대할 각오를 다지는 것이 필요하다. 왜냐하면 흑암천을 초대해 그와 친구가 되면 반드시 길상천도 따라올 것이기 때문이다. 그리고 흑암천과는 이제 친구가 되었으니, 분명 서로 친구처럼 잘해나갈 것이 분명하다. 나는 그런 삶의 방식이야말로 진정으로 불교적인 것이라고 생각한다.

무엇을 위해 사는가

　우리는 때때로 '인간은 대체 무엇을 위해 사는 것일까?' 하는 생각을 해보게 된다. 아마도 얼마쯤 삶에 지친 순간에 그런 생각이 들지도 모른다. 혹은 이는 어쩌면 여성에게 더 많을지도 모르는데, 행복하고 안정된 생활 속에서 오히려 그 행복에 권태감을 느끼고 그런 말을 읊조리게 되는 것이 아닐까.
　과연 인생의 목적은 무엇일까? 그것이 돈벌이일 리는 없다. 그렇다면 자신이 하고 있는 일일까? 하지만 일이 삶의 보람이 될 수는 있다고 해도, 현실적으로 진정한 삶의 보람이 되는 일은 그다지 흔치 않다.
　사실을 말하자면 나는 돈벌이나 일에서 삶의 목적을 찾고 싶지는 않다. 아니, 그보다 무언가 한 가지 일에서 인생의 목적을 설정하려는 생각 자체가 아무래도 이상하다는 생각이 든다.
　왜냐하면 어떤 한 가지 일에 인생의 목적을 설정하면 그것을 이루지 못했을 때, 그 인생은 하찮은 것이 되어버릴 수도 있기 때문이다. 목적을 설정하고, 그것을 이룰 수 있는 사람은 많지 않다. 그렇다면 인생에 목적을 설정하는 일 자체가 무리가 아닐까.

불교에는 '방편' 이라는 말이 있다. 일반적으로 이 말은 '수단' 의 의미로 받아들여진다. 《법화경法華經》에 다음과 같은 이야기가 나온다.

보물섬을 찾기 위해서 사막을 여행하는 대상隊商의 무리가 있었다. 목적지가 멀고 험했기에 사람들은 점차 마음 약한 소리를 하기 시작했다. 아무래도 안 되겠으니 이제 그만 포기하고 돌아가는 것이 어떻겠느냐는 말을 꺼내는 사람도 있었다. 그러자 그들의 지도자는 신통력을 발휘하여 사막 한가운데에 거대한 도성을 만들어냈다. "여러분, 목적지가 바로 저깁니다. 자, 힘을 냅시다!"라고 그들을 격려했다. 그러면서 그들 무리를 이끌어갔다. 그리고 사람들은 그 도성에 도착해서 한동안 휴식을 취했다. 얼마쯤 쉬고 난 뒤, 지도자는 다시 사람들을 인솔하여 길을 나섰다. 그렇게 해서 그들은 목적지를 향해 앞으로 나아갔다.

사막 한가운데의 도성은 진짜가 아니며, 그곳이 최종 목적지도 아니다. 그는 사람들에게 용기를 주기 위해 그와 같은 방편을 생각해낸 것이다. 이 이야기를 토대로 방편이 수단의 의미로 오해되었고, 또한 '거짓말도 방편' 이라는 말까지 생겨났다. 사람들을 교화·지도하기 위해서는 거짓말을 할 수도 있다는 것이다.

하지만 그것은 그렇지가 않다.

방편이라는 말은 산스크리트 어로 '우파야Upaya' 라고 하며, 그 진짜 의미는 '가까이 간다' 는 뜻이다. 대상들이 한걸음 한걸음 걸어나가는 그 길이 다름아닌 방편인 것이다. 불교에서는 이 방편이야말로 절대적인 것이라 가르치고 있다. 방편은 결코 목적에 대한 수단이 아니다. 오히려 어떤 의미에서는 방편 그 자체가 목적이라고 해도 좋다.

  인생도 마찬가지이다. 나는 인생도 그와 같은 것이라고 생각한다. 우리는 목적지를 향해 나아가고 있는 것처럼 보이지만, 정말 중요한 것은 목적지가 아니다. 한걸음 한걸음 앞을 향해 나아가고 있는 발걸음, 매일매일의 생활 자체가 우리에게는 절대적인 것이다. 샐러리맨은 샐러리맨으로서, 주부는 주부로서, 병이 들었다면 병자로서 하루하루를 소중히 여기며 살아가야 한다. 매일매일을 소중히 여기며 살아가는 것, 그것이 바로 바람직한 우리 인생의 모습인 것이다.

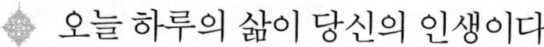 오늘 하루의 삶이 당신의 인생이다

"엄마, 아빠의 이야기를 들으니까, 옛날에 학교 다닐 때가 훨씬 재미있었던 것 같아요."

초등학교 6학년인 아들이 우리에게 그런 이야기를 해왔다. 아이의 말을 듣고 보니 그럴 것도 같다는 생각이 들었다. 우리가 초등학교 6학년이던 무렵에는 전쟁의 상흔이 채 아물기 전이었고, 먹을 것도 입을 것도 충분하지 않았던 시절이다.

그럼에도 지금의 초등학생이나 중학생들보다 훨씬 즐거웠던 것 같은 생각이 든다. 사람은 어린 시절을 두 번 살 수는 없는 노릇이니, 어차피 정확한 비교는 불가능할 테지만, 아무래도 요즘 아이들이 더 안됐다는 생각이 드는 것이 사실이다.

"하지만 너도 나중에 어른이 되었을 때 너의 어린 시절을 떠올리면 즐거운 추억이 많을 거야…"

나는 그렇게 위로의 말을 해주었다. 시간은 기억을 아름답게 해준다. 괴롭거나 슬펐던 일도 시간이라는 베일에 가려지게 되면 달콤하고 아름다운 추억으로 변하기도 하는 것이다. 그렇기에 나는 '시간이 지나면'이라고 말한 것인데, 그렇게 말한 순간 문득 깨달아지는 것이 있었다. 그것은 바로 현대를 살아가는 우리들 누구나 인생을 끝에서부터 시작하는 것이 아닌가 하는 생각이었다.

그렇다. 초등학생은 5, 6학년이 되면 중학교 진학을 전제로 공부를 하게 된다. 그리고 중학생은 또 일찌감치 자신이 가야 할 고등학교 진학을 목표 삼아 공부하게 된다. 중학교를 마치고 고등학교에 진학하는 것인데도, 그 끝이 처음이 되는 것이다. 그리고 고등학교 시절은 또 대학 진학을 염두에 두고 시작된다. 대학에 가도 크게 달라지지 않는다. 이번에는 취직을 생각하는 것이다. 아니, 이미 대학을 선택하기 전부터 취직을 염두에 두고 있는지도 모른다. 취직을 고려해서 대학을 선택하고, 자신의 전공을 생각하면서 수험생활을 시작한다. 모든 것이 그 끝에서부터 시작되고 있는 것이다.

취직을 하고 나서도 마찬가지이다. 퇴직금을 계산하고, 결혼이나 노후의 생활 안정을 염두에 두면서 직장생활을 해나간다. 우리의 인생은 언제나 그 끝이 앞에 나와 있는 것이다. 그렇다면 우리는 대체 무엇을 위해 살아가고 있는 것일까?

다음과 같은 일화가 있다.

어느 날 한 게으름뱅이가 나무 그늘 아래서 낮잠을 즐기고 있었다. 그러자 동네 어른이 다가와 그를 호되게 나무란다. 한창 힘좋은 젊은 녀석이 그렇게 빈둥빈둥해서야 되겠느냐는 것이다. 어서 나가서 땀 흘려 일하라고 호통을 친다. 그러자 가만히 듣고 있던 게으름뱅이가 어른에게 묻는다.

"그렇게 열심히 일해서 무엇을 하지요?"

"돈을 벌지!"

"돈을 벌어서 무엇을 하지요?"

"돈을 많이 벌면 나무 그늘 아래서 여유롭게 낮잠을 잘 수도 있지."

"어르신, 죄송하지만 저는 방금 전까지 나무 그늘 아래서 낮잠을 자고 있었는데요."

그러니 마음껏 게으름을 부리라는 뜻은 물론 아니다. 우리 주위를 한번 둘러보라. 모두들 머릿속으로 열심히 계산을 해가면서 일에 쫓겨 정신없이 살아가는 모습을 볼 수 있을 것이다. 생존경쟁과 입시지옥, 입신출세… 때로는 이런 것들을 잊어버리고 유유자적 살아보는 것도 하나의 방법일 수 있다. 그런 삶도 그리 나쁘지 않다는 게 나의 생각이다.

선승의 깨달음에 관한 글 중에 '일일시호일 日日是好日'이라는 말이 있다. 이것은 중국 당대의 선승인 운문선사가 한 말이다. 위에서 예로 든 일화와는 다르지만, 매사에 긴장한 채 늘 걱정만 하면서 일밖에 모르는 사람에게는 이 '일일시호일'의 정신을 가끔씩 떠올렸으면 하는 마음이다. 초등학생이든 중학생이든 대학생이든 샐러리맨이든, 하루하루를 의미 있게 그리고 즐겁게 살아가는 것이 첫번째 관심사가 되어야 하지 않을까.

교육은 투자가 아니다

《에밀》은 프랑스의 계몽주의를 대표하는 사상가 루소의 명저이다. 그는 이 책에서 소설의 형식을 빌려 교육론을 전개하면서, 통렬한 사회비판과 더불어 근대적인 교육이념을 확립했다.

《에밀》이 지적하는 것은 첫째, 교육이 개인을 단위로 이루어져야 한다는 점이다. 즉, 개인에게 맞춰진 교육이다. 루소는 아이들 각자에게 걸맞은 교육을 해야 한다고 말하고 있다. 나의 생각 역시 마찬가지이다. 아이의 개성을 무시한 현대의 학교교육은 매우 질 낮은 것이라고 할 수 있다. 따라서 아이들을 학교에 보내기보다는 가정에서 적절한 맞춤교육을 하는 것이 더 낫다고 생각하는데, 아무래도 생활형편이 어려운 사람은 그 역시 쉽지 않은 일이다. 그러기에 하는 수 없이 학교교육을 받게 하는 것이라고 생각한다. 나는 좋은 학교에 입학시키는 것이 진정한 교육이라고 착각하고 있는 세상의 일반적인 사고방식에 동의할 수 없다. 엄밀하게 말해 그것은 그릇된 생각이다.

루소는 또 하나의 중요한 점을 지적하고 있다.

인생의 각 단계에는 그에 맞는 완성이 뒤따라야 한다는 것이다. 아이들에게는 아이들에게 맞는 완성이 있다. 그 사실을 잊어버린 채 장래의 행복을 위한다는 이유만으로 현재의 행복을 희생시키는 교육을 해서는 안 된다는 것이 루소의 주장이다. 이러한 점이야말로 지금의 우리가 가장 귀기울여 들어야 하는 대목이 아닐까?

아직 초등학생이면서도 여러 군데의 학원을 다녀야 하는 아이들이 있다. 중학생이 되면 학원에 다니지 않는 아이가 거의 없을 정도이다. 이와 같은 이야기를 접할 때마다 아이들이 딱하다는 생각을 지울 수가 없다.

초등학생에게는 초등학생만이 누릴 수 있는 행복이 있어야 한다. 그리고 중학생에게는 또 그에 걸맞은 행복이 있어야 한다.

고등학교 진학을 위해, 그리고 고교 진학은 또 대학 입학과 이어진다는 이유로, 초등학생으로서의 혹은 중학생으로서의 행복을 희생당하고 있는 것이 요즘 아이들의 현실이다. 요즘의 부모들은 교육을 투자의 일종으로 생각하고 있는 것은 아닐까? 참으로 살풍경한 이야기가 아닐 수 없다.

하지만 그래도 그것은 용서할 수가 있다. 아니, 용서할 수 있다는 표현은 적절하지 않다. 아이의 교육에 대한 첫번째 책임자는 부모이므로, 투자적 가치의 교육을 최우선으로 하는 부모가 있더라도 그것은 그 부모의 마음일 것이다. 장래에 고위 관리직을 목표로 삼은 부모의 꿈을 위해서 아이로서의 행복을 빼앗긴 그 아이가 안됐기는 하지만, 그것은 어디까지나 부모의 잘못이므로 제삼자는 참견을 말기로 하자.

하지만 용서할 수 없는 것은 바로 학교 선생님들이 그런 그릇된 투자적 교육관의 선봉에 서 있다는 사실이다. 부모가 자식의 등을 떠밀어 학원에 보내는 것은 부모 마음이지만, 선생님들마저 학교를 학원의 연장으로 만들어버려서는 곤란하다. 그것은 절대 용서할 수 없는 일이다.

그럼에도 불구하고 선생님들은 아이들의 현재의 행복을 희생시키면서도 아무런 반성의 기색이 없다. 상급학교의 진학률에만 매달려 있는 선생님들이 너무도 많다. 그것은 바로 투자의 교육이다. 오늘날의 학교교육이 근본적인 문제를 안고 있는 것만은 분명하다.

◆ 병자로서의 삶의 방식

 암환자에 대해 일본에서는 의사가 환자에게 직접 그 사실을 알리지 않는 경우가 많지만, 미국의 경우는 그렇지가 않은 듯하다. 의사는 환자에게 "당신의 병명은 암입니다"라고 분명하게 알린다고 한다. 언젠가 목사님에게 이런 질문을 한 적이 있다.
 "기독교 신자에게 병이란 어떤 의미인가요?"
 "그것은 신이 주신 시련입니다."
 그는 대답을 미리 준비한 사람처럼 망설임 없이 말했다. 그리고 이번에는 나를 향해 이렇게 물었다.
 "불교도에게 있어서는 무엇입니까?"
 "글쎄요…."
 유감스럽게도 나는 얼른 대답을 하지 못하고, 그 자리에서 곰곰이 생각에 잠기고 말았다. 불교에서는 생로병사의 4가지 괴로움을 가르치고 있고, 병은 그중 하나이다. 그 정도라면 나도 알고 있지만, 그 정도로는 답이 될 것 같지 않았다.

 "제가 말씀드릴 수 있는 한 가지는, 일본인의 경우 병에 걸린 동안을 '시간의 공백' 쯤으로 여기는 경향이 있는 것 같습니다. 그런 시간에 대해 얼마쯤 의미 부여를 하려고 하지 않지요."

 그렇게 내 생각을 말한 것이 고작이었다. 실제로 일본인들은 병을 괴로움이라고 하는 마이너스적인 요소로만 받아들인다. 그렇게 되면 병에 걸려 있는 동안은 무의미한 시간을 보내고 있는 것이 되며, 그 기간은 인생의 공백기가 되어버린다. 따라서 환자는 필요 이상으로 빨리 건강을 되찾으려고 애를 쓰며, 공백의 무의미한 시간을 보내는 것에 대해 한탄할 뿐이다.

 하지만 이러한 사고방식에는 문제가 있다. 1주일이나 열흘 정도의 가벼운 병일 경우는 그것을 시간의 공백이라 여긴다고 하더라도 그리 큰 문제는 없을 것이다. 하지만 2, 3년의 요양을 필요로 하는 중병인 경우, 그런 안이한 생각은 통용되지 않는다. 그 역시 자신의 인생의 일부분임을 분명히 인식하고 그 시간을 충실하게 살아내려고 노력해야 할 것이다.

 병에 걸린 기간이라고 해서 절대 공백의 시간일 리 없다. 만약 병자가 된다면, 그 사람은 병자로서의 인생을 살아야만 한다. 그에게 있어서는 병에 걸린 동안에는 그것밖에 달리 인생이 없기 때문이다. 그리고 인생의 각각의 단계는 그 단계에 걸맞은 완성이 있어야 한다. 그러니 병자의 단계에서는 병자로서의 완성이 있어야 하는 것이다.

 병자로서의 완성이라는 표현이 적절하지 않을지는 모르지만, 그것이 의미하는 바를 충분히 이해할 수 있으리라 생각한다. 병자는 최선을 다해 병과 싸워야 한다. 질병으로부터 도피해서는 안 된다. 자신의 병과 정정당당히 맞서는 것이 병자로서의 완성이다. 암환자에게 '당신의 병명은 암'이라고 알려주는 미국식 방식의 근저에는 그러한 생각이 토대를 이루고 있다고 보여진다. 암을 선고받은 환자는 최선을 다해 암과 싸워나가야 한다. 암은 난치병이므로, 아마도 그 싸움에서 승리할 확률은 그리 높지 않을지도 모른다. 하지만 싸우다가 지는 한이 있더라도, 그에게는 용감하게 싸우며 살았던 인생이 남게 되는 것이다.

단순히 병에 걸린 기간을 '공백'이나 '무의미한 시간'으로 여기며 암에 걸린 환자에게도 병명을 말해주지 않는 것에는 찬성할 수가 없다. 그렇게 한다면 언젠가 그가 그 사실을 알게 된 순간 그의 인생은 크게 흔들리고 말 것이며, 마지막 남은 시간도 무의미해져버리게 될 것이다. 병이 나으면 다시 인생을 시작하면 된다고 말하는 사람도 있을지 모르지만, 그것은 병이 나은 사람만이 누릴 수 있는 특권일 뿐이다. 그렇다면 비단 암뿐만 아니라 평생을 병상에 누워서 살아가야 할 사람의 인생은 너무나 비참해지고 만다.

그래서는 안 된다. 병자에게는 병자로서의 인생이 있으며, 또한 그래야만 한다.

인간은 모두 제각각이다. 그들 모두에게는 자신의 단계에 맞는 그 나름의 삶이 있으며, 또한 그래야만 한다. 내 생각은 그렇다. 그리고 여기서 한

걸음 더 나아가 자신이 지금 처해 있는 단계나 상황을 명확하게 자각하면서 살아가길 바란다. 만약 병에 걸렸다면, 그 병을 자각하고 그에 맞서 살아가는 것이 진정한 삶의 방식이라고 할 수 있을 것이다.

대범한 삶, 쩨쩨한 삶

언제부터인지 프로 야구를 보는 것이 시들해지고 말았다. 이는 한신 타이거즈가 오랫동안 우승을 못했기 때문만은 아니다(나는 한신 타이거즈의 팬이다). 타이거즈의 승패와는 관계없이, 프로 야구가 전반적으로 재미없어진 것이다. 그 원인은 쩨쩨한 번트 야구에 있다.

번트 야구를 유행시킨 사람은 과거 자이언트의 감독이었던 가와가미이고, 그것이 차차 다른 감독들에게도 전염된 것이다. 그러던 것이 이제는 아예 자리를 잡았고, 그와 함께 과거의 장쾌했던 경기 모습은 자취를 감추고 말았다.

번트 야구란 이기기 위한 야구이다. 가와가미는 자이언트의 감독에 취임하자마자, 무슨 일이 있어도 반드시 승리해야 한다는 생각에 사로잡히고 말았다. 이기는 것만이 프로 야구의 목적이라고 착각한 것이다. 그러기 위해서는 무엇을 해도 괜찮다고 생각하여 체면불구하고 번트 야구를 시작한 것이다. 참으로 어리석은 발상이 아닐 수 없다.

프로 야구란 어차피 일종의 쇼(볼거리)가 아닌가. 그것이 볼거리라면 승패는 결과의 문제일 뿐, 그 목적은 아닐 것이다. 프로 레슬링과 마찬가지로 승패에 이르는 과정이 재미있는 것이며, 또한 반드시 재미있어야만 생명력을 지닌다. 그것을 그 사람은 어떻게 잘못 생각했는지, 이기는 것에만 집착하고 말았다.

"사람이 좀 좀스럽군…!"

이는 타이거즈 팬으로서의 독설이다. 오로지 승패에만 집착하는 것은 볼썽사나운 일이 아닐 수 없다. 좀더 대범한 야구를 할 수는 없는 것일까?

쩨쩨해서 보기 괴로웠던 것은 가와가미 한 사람만이 아니다. 그에게만 책임을 돌리는 것은 너무 가혹하다. 전통 있는 자이언트 구단이 쩨쩨하게 이기기 위한 야구를 시작한 무렵, 일본 전체는 고도 경제 성장기에 있었다. 그리고 일본의 전통 있는 기업들이 염치불구하고 돈벌이만을 위한 장사를 시작한 것이다. 기묘하게도 양자는 그 궤를 같이하고 있다.

독자들 중에는 아직도 그 일을 기억하고 있는 분들도 있을 것이다. 내로라 하는 기업이 생선을 매점매석해서 값을 천정부지로 올려놓았던 일 말이다. 그 기업은 거대한 자본을 앞세워 먼 바다에서 돌아온 한 선단이 포획한 물고기를 전부 사들인 뒤, 냉동창고에 얼려버렸다. 그리고 값이 오르기만을 기다렸다가 물건을 풀기 시작한 것이다. 그것은 자연스러운 가격 인상이 아닌, 인위적으로 조작된 것이었다.

분명 이것은 법률 위반은 아니다. 하지만 법에 저촉되지 않는다고 해서,

무슨 짓을 해도 괜찮은 것은 아니다. 악착같이 돈을 벌어들이는 데만 급급한 일본 기업의 이코노믹 애니멀적인 모습은 정말이지 보는 사람을 질리게 한다. 프로 야구에서 승리가 목적이 아닌 결과이듯이, 돈을 버는 것 역시 상업활동에서는 결과의 문제라고 생각한다. 결과적으로 수익을 올리는 것이지, 돈벌이만을 목적으로 삼는 것은 본말전도인데, 그러한 사고가 일본 사회에서는 곧잘 무시되어버린다.

교육에 있어서도 마찬가지이다. 현대 일본의 교육은 이미 파탄 상태에 와 있다. 예를 들어, 진학 경쟁 등을 떠올려보면 될 것이다.

진학은 착실하게 공부한 성과로 이루어져야 한다. 중학교 3년, 고등학교 3년을 착실하게 공부하고, 그러한 결과로서 고교 진학이나 대학 진학이 이루어져야 한다.

하지만 과연 그런가? 대부분의 사람들은 오직 결과인 진학만을 목적으로 삼고 있다. 대학에 들어갈 수만 있다면 고교생활은 어찌되든 상관없다는 식이다. 일류대학에 들어갈 수만 있다면 고교생활은 잿빛이어도 상관없다. 본말이 전도되어도 그 누구도 눈 하나 꿈쩍하지 않는 세상이다. 대체 일본은 어디로 가고 있는가?

참으로 쩨쩨한 생각이 아닐 수 없다. 그런 쩨쩨한 생각들을 묘하게 부추기는 무리가 너무도 많다. 나는 타이거즈의 팬이고 쩨쩨한 번트 야구는 딱 질색이지만, 같은 타이거즈의 팬 중에도 승리를 위해서는 번트 야구든 무엇이든 하라고 하는 사람들이 있으니 안타까울 따름이다.

좀 지면서 살면 어떤가? 손해를 보면서 살 수도 있지 않은가? 쩨쩨한 삶보다는 대범한 삶을 살아야 하지 않을까?

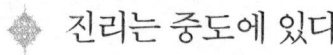 진리는 중도에 있다

 2,500년 전 그 옛날, 인도에서 석가세존은 실로 엄청난 고행을 행하셨다. 29세의 나이에 고향인 카필라 성을 떠나 수행자가 된 그는, 그로부터 6년 동안 여러 가지 수행을 계속하셨다. 그 대부분이 고행이었던 듯하다. 그리고 그 전형적인 고행 방식은 감식과 단식이었다.
 하루에 한 개의 대추 열매만을 먹었고, 그 다음은 사흘에 하나, 1주일에 하나… 이렇게 양을 줄여나갔다. 그 결과는 단식과 다를 바가 없었다. 피골이 상접할 정도로 쇠약해진 세존의 모습. 인도에는 늑골이 그대로 드러난 다소 그로테스크하기까지 한 불상이 있다. 바로 고행하는 세존의 상이다. 그리고 단식은 죽음 직전까지 이어졌다고 한다. 세존의 생명을 살피던 신들은 그의 모공을 통해 하늘의 자미(滋味, 양분이 많은 좋은 음식—옮긴이)를 주입하려 했다. 하지만 그는 의지의 힘으로 모공을 닫은 채 신들의 호의를 받아들이려 하지 않았다.
 이윽고 세존은 죽었다― 주위 사람들 모두 그렇게 생각했을 만큼, 그는 극심한 단식을 행했다. 바로 그 무렵, 세존이 고행을 계속하던 이련선하尼連禪河 연안을 농부 한 사람이 노래를 부르며 걸어갔다.

'비파의 현은 너무 죄면 툭 끊기고 그렇다고 헐겁게 하면 느슨해진다.'

아마도 당시 유행하던 민요의 한 가락이었는지도 모른다. 농부는 아무 생각 없이 그 노래를 부르면서 지나갔을 것이다. 하지만 정신적 긴장이 극에 달해 있던 세존은 이 노래로 인해 하나의 깨달음을 얻는다. 그것은 자신의 그릇된 생각에 대한 자각이었다.

출가하기 전, 그는 카필라 성의 왕가의 자손으로 태어나 부귀영화의 나날을 보냈다. 방탕한 생활과 쾌락으로 가득한 인생, 그 역시 하나의 극단이었다.

그리고 지금 그는 또 다른 극단에 놓여 있었다. 죽음의 한계에까지 도전한 고행은 쾌락과 대극을 이루고 있다.

하지만 이 양 극단 모두 피해야 할 일이다. 세존은 마침내 그것을 깨달았다. 진리는 바로 중도中道에 있다. 안락과 방만한 생활 속에 있다보면 자칫 퇴폐에 물들 수 있으나, 그와 반대로 극도의 긴장 속에서는 생각이 외곬으로 흐르기 쉽다. 그러한 양 극단에 집착해 있다면 진리를 구할 수가 없다.

진리란 바로 중도에 있다. 정신을 극단으로 몰아가지도, 또한 태만으로 흐르도록 내버려두는 일 없이 그저 유유자적하게 대도를 걸어가는 것이야말로 비로소 진리를 만날 수 있는 길이다.

"나는 중도를 가겠다!"

세존은 그렇게 결의했다. 그리고 그러한 결단을 내리자 고행을 포기했다. 그는 이련선하에서 더러워진 몸을 깨끗이 씻은 후, 마을의 처녀가 바친 우유죽을 모두 마시고는 점차 기력을 회복했다. 그런 뒤 그는 가야의 교외로 향했다. 그리고 어느 보리수나무 아래 앉아서, 마침내 그는 깨달음을 구하는 최후의 선정禪定에 들어갔다. 얼마 안 있어 세존은 마침내 궁극의 진리에 대한 깨달음을 얻기에 이른다. 진리를 깨달은 세존은 부처가 되었다. 우리는 그것을 성도成道라 일컫는다.

따라서 불도란 바로 중도인 셈이다. 중도를 걸음으로써 비로소 세존은 진리를 깨달았으며, 부처가 될 수 있었으니 말이다. 역사에 가정법은 허용되지 않는다고 하지만, 만약 중도가 없었다면 세존의 깨달음도 없었을 것이며, 그런 까닭에 그 깨달음에 기초한 불교도 없었을지 모른다. 아마도 그랬다면 세존은 일개 고행자로서 인도 땅에 뼈를 묻고 말았을 것이다.

불교는 본질적으로 중도의 가르침이다. 극단적인 방만을 경계하는 동시에, 과도한 긴장 또한 피하라고 가르친다. 극단에 치우치지 않은 중도를 유유히 걸어가라고 권한다. 그것이 바로 세존의 가르침이다. 불교의 기본이념은 바로 중도에 있는 것이다.

| 제5장 |

선정 禪定

얽매임으로부터의 해방

인도에는 불교 이전의 단계에서부터 좌선 풍습이 있었다. 나무 아래에서 명상에 드는 일은 어떤 의미에서 일종의 무더위를 이기는 법이기도 했던 모양이다. 불교도 이러한  좌선을 받아들이고 있다. 이러한 좌선을 선정禪定이라고도 한다. 선정이란 정신을 하나로 모으는 일이다. 미혹을 끊고, 감정을 가라앉게 하여, 진리의 진정한 법을 체득하는 것이 바로 선정의 목적이다.

✸ 괜한 핑계 대지 말라

　선승의 일화들 가운데는 알 듯 모를 듯한 이야기가 많다.
　혜현선사는 대정국사를 만나고 나서 법을 깨우쳤다고 하는데, 그는 그후 평생을 산 속에서 은거하며 살았다. 어느 날 장대 같은 폭우가 내려 갑자기 본당에 물이 새기 시작했다. 그러자 혜현은 뭔가 빗물을 받칠 것을 가져오라며 제자들을 향해 소리쳤다. 하지만 워낙 가난한 절이어서 양동이와 같은 적당한 물건을 찾을 수가 없었다. 제자들이 이리저리 우왕좌왕하고 있을 때 재빨리 근처에 있던 소쿠리를 들고 달려온 어린 중이 있었다.
　빗물을 받치기 위한 소쿠리.
　이는 참으로 기묘한 조합이 아닐 수 없으며, 무엇보다 이는 아무런 도움도 되지 못한다. 하지만 어찌된 일인지 스승인 혜현은 이 엉뚱하기 짝이 없는 어린 중에게 칭찬을 아끼지 않았다고 한다.
　"얘야, 어서 빗물 받칠 그릇을 가져오너라!"
　"예."

어린 중은 스승에게 당장 소쿠리를 내민다. 이것을 해내지 못한다면, 선禪도 알지 못한다고 혜현은 말하고 있다. 그렇다면 선이란 대체 무엇일까?

천장에서 떨어지는 빗물을 받기 위해서는 누구든 양동이나 대야를 찾게 마련이다. 그런 것들이 눈에 띄지 않자, 얼른 눈에 들어온 소쿠리를 들고 달려갔다. 하지만 소쿠리는 아무런 소용이 닿지 않는다. 그런 걸 가져가봐야 스승에게 호통만 들을 것이 틀림없다. 더 나은 다른 무엇이 없을까?

우리는 아마도 그렇게 생각할 것이다.

하지만 선이 꺼리는 것은 바로 그러한 사려분별이다. 그도 그럴 것이 빗물을 받는 데 있어 소쿠리는 전혀 도움이 되지 않는다― 하지만 그렇게 생각하는 우리의 분별심이 더욱 도움이 되지 않는다. 그러한 사려분별에 휘둘리기보다는 얼른 소쿠리라도 들고 달려가는 편이 훨씬 낫다.

예를 들어보자.

빈자리가 없는 전철 안에서 문득 자기 앞에 선 노부인을 발견한 순간, 다행히 얼른 자리를 털고 일어나서 "자, 이리 앉으세요" 하고 자리를 양보할 수 있다면 아무 문제가 없을 것이다. 하지만 어느 한 순간 그만 타이밍을 놓치게 되면, 그때부터 우리의 머리속은 온갖 핑곗거리를 찾아내기 위해 바삐 돌아갈 수밖에 없다. 옆자리에 앉은 청바지 청년이 나보다 훨씬 젊은데 뭘, 양보를 한다면 그가 해야지. 아니, 애당초 모든 사람이 앉을 수 있게 자리를 충분히 만들어놓지 않은 전철 당국이 문제지, 내가 책임질 일이 아니야. 나도 얼마나 피곤한데…. 아니, 저 할머니는 왜 이런 시간에 전철을

타는 거야, 좀더 한가한 시간에 다니시지 않고.

  아마도 머릿속으로 이런 생각들이 바삐 오갈 것이다.

  선이 꺼리는 것은 바로 그러한 핑계들이다. 그런 것들을 아무리 갖다대 보아야 노부인의 자리가 생길 리 없다. 그런 핑곗거리를 찾아내기보다는 얼른 일어나 자리를 양보하거나, 아니면 그냥 마음 편히 자리에 앉아 있으면 그것으로 족하다. 혹시 오해가 있을지 몰라 말해두는데, 자리를 양보하라거나 혹은 하지 말라거나 하는 공중도덕은 선과는 아무런 관련이 없다. 그런 것이야 아무래도 좋다. 다만 선이 꺼리는 것은 공연한 핑곗거리를 개입시키려는 태도이다. 선은 이른바 사려분별이나 괜한 구실 등을 과감히 깨뜨려버리라고 말하고 있다.

앉지 않는 선

선이란 한마디로 그 무엇에도 얽매이지 않는 것을 의미한다. 얽매이지 않을 수만 있어도 그것으로 충분히 선을 이해한 셈이 된다.

하지만 그 얽매이지 않는다는 것이 결코 쉽지 않다. 얽매이지 않기 위해서 가장 좋은 것은 좌선을 행하는 일이라 생각한다. 선원 등에서 그 방면의 훌륭한 스승으로부터 지도를 받으며 좌선을 행하는 것이 가장 지름길일 것이다. 하지만 그와 동시에 말할 수 있는 것은, 특별히 좌선에 얽매일 필요는 없다는 것이다. 아무것에도 얽매이지 않을 수만 있다면 이미 그것으로 족하며, 그것이 어떤 방법이든 그 방법론에 구애받을 필요가 없다.

"그렇다면 당신에게는 좌선 말고 더 나은 방법이 있습니까?"

분명 그렇게 묻고 싶은 분이 있을 것이다. 하지만 그런 질문을 받더라도 딱히 뾰족한 답이 있는 것은 아니다. 나에게 그보다 더 나은 방법이 있을 리 없다. 가장 좋은 방법은 역시 전문가의 도움을 받아 좌선을 행하는 일이다.

그런데 내가 굳이 '앉지 않는 선'을 말한 것은 우리 같은 샐러리맨들에게는 그럴 만한 시간 여유가 없기 때문이다. 아무리 자신이 그것을 원한다고 해도 자신이 하는 일을 쉬면서까지 할 수는 없다. 하루나 이틀, 아니면 무리해서 한 달 정도의 휴가를 얻는다고 하더라도, 그렇게 짧은 시간에 선이 완성되는 것은 아니다. 선승의 말을 빌리면, 선 수행은 평생에 걸쳐서 해야 하는 것이라고 한다. 그렇다고 우리가 처자식을 버리고 선방으로 들어가버릴 수도 없는 노릇이다.

그렇기에 나는 '앉지 않는 선'을 제창한 것이다.

'앉지 않는 선'이란 대체 어떤 것일까?

일반적인 선(선정)은 한마디로 정신 통일이라고 할 수 있다. 이리저리 흩어져 있는 마음을 고요하고 차분하게 가라앉히는 것이 바로 선이다. 하지만 '앉지 않는 선'의 입장에서 본다면, 선의 정의는 달라질 수 있다. 선은 얽매이고 사로잡힌 우리의 마음을 자유롭게 해방시켜주는 것이다.

그렇다면 이러한 선을 실행하기 위한 첫걸음은 자신의 마음이 무엇에 얽매여 있고, 무엇에 사로잡혀 있는지를 알아내는 일일 것이다. 우리는 보통 일상 속에서 자신의 마음이 어떠한지에 대해 무심히 지나치기 쉽다. 만약 사랑에 빠진 사람이 있다면, 그의 눈에는 상대의 곰보 자국도 보조개로만 보인다는 말이 있듯이, 실제 눈뜬 장님이 되게 마련이다. 그리고 승진이나 출세에만 정신이 팔려 있는 사회인이라면, 부장이나 간부가 되는 것만이 인생의 목적인 듯 착각하며 살 수도 있다. 또 수험생이라면 좋은 대학에 들어가는 것만을 생각하고 있을 것이다. 그들의 머릿속에는 그러한 생각들로 가득 차 있어서, 다른 어떤 것도 받아들일 수가 없는 상태이다. 더욱 안타까운 사실은 자신이 그렇다는 사실도 깨닫지 못한다는 것이다.

우선은 자신의 마음 상태를 분명히 자각하는 일, 그것이 선의 첫걸음이다. 그리고 진정으로 그것을 깨닫는다면, 어쩌면 우리 마음은 이미 저절로 자유로워져 있을지도 모른다.

❇ 선을 읽으라

자신의 마음 상태를 확실히 파악할 수만 있다면 그것으로 족하다— 그것이 선의 첫걸음이며, 또한 선 그 자체라고 말한 바 있다.

그렇다면 나의 마음 상태를 바르게 알기 위해서는 어떻게 해야 할까?

사실대로 말하면, 여기서 또 '좌선을 하라' 는 말이 튀어나올 테지만, 우리는 그렇게 하지 않도록 하자. '앉지 않는 선' 을 제창하고 있는 우리에게 있어, 그것은 모순된 말이기 때문이다.

그 대신 우리는 이런 방식을 제안하려고 한다.

선에 관한 어록을 읽어보는 것은 어떨까?

과거의 선 수행자들은 어떻게 살았으며, 그들이 무엇을 가르쳤는지에 대해 겸허하게 귀 기울여보는 것은 어떨까?

즉, 삶의 방식에 관한 패턴을 배우는 것이다. 혹은 행동 패턴, 사물을 보고 생각하는 패턴을 배우는 것이다.

다음의 예를 살펴보자.

수산성념首山省念이라는 선승이 있었다. 993년에 입멸했다고 하니, 그가 죽은 것은 송나라 때이다. 《법화경》을 항상 외우고 있었기에 '염법화念法華'라 불리기도 했다.

그에게 어느 날 수행승 한 사람이 물어왔다.

"어떻습니까, 이 부처는?"

이는 '부처란 무엇인가'와 같은 질문일 텐데, 오히려 '불교란 무엇인가'로 번역하는 편이 나을 듯하다. 그 수행승은 물론 부처란 무엇인가 하는 까다로운 학문적 정의를 물은 것은 아니다. 삶의 자세로서의 불교를 물은 것이다.

그러자 수산은 이렇게 답했다.

"새색시가 나귀에 타면, 시어머니가 그 나귀를 끈다."

새색시가 살포시 나귀에 올라타 앉아 있고, 시어머니가 나귀의 고삐를 틀어쥔 모습이 떠오른다. 두 사람은 분명 밭일을 마치고 집으로 돌아가는 길일 것이다. 절로 입가에 미소가 감돌게 하는 광경이다.

하지만 잠깐! 우리는 정녕 그 모습을 흐뭇하게만 여기고 있는 것일까? 여기서 '우리는'이라고 하면 반기를 들 분들도 있을 것이다. 왜냐하면 이를 현대적으로 풀이하면, '사원은 자가용을 타고, 사장은 자전거를 타고 간다'는 광경쯤에 해당할 것이기 때문이다. 만약 그런 광경에 맞닥뜨린다면 우리는 뭔가 거꾸로 되었다고 여기기 십상이다. 어쩌면 그건 잘못된 것이라고까지 생각할지도 모른다.

"사장님, 사장님이 자가용을 타셔야지요. 안 그러면 저희가 괴롭습니다."

아마도 사원은 절반은 우는 소리로 사장에게 그렇게 간청할 것이다.

그것은 바로 상식에 얽매여 있기 때문이다.

수산은 바로 그러한 상식에 얽매여 산다는 것은 참으로 갑갑한 일임을 설파하고 있는 것이다.

지쳐 있을 때는 새색시가 나귀를 타고, 시어머니가 걸어갈 수도 있다. 그것으로 족하다. 불교란 바로 그러한 자유로운 삶의 방식이라고, 《법화경》 애송자인 이 선승은 우리에게 말하고 있다.

앉지 않는 선.

그것은 결국 선에 대한 어록을 읽는 일이다. 공안을 읽는 일이다. 선승들의 에피소드를 듣는 일이다. 읽고, 또 읽어내는 일이다.

그러는 사이 언젠가 우리는 선의 사상을 이해하게 될 것이다. 그리고 자신도 모르게 선적인 사고방식이 몸에 배게 될 것이다. 그것이 바로 내가 말하는 '앉지 않는 선'이다.

그러한 선도 있다는 것이 나의 생각이다. 아니, 그런 선이 있었으면 하는 바람이다. 그러한 선이 없다면 우리 재가 불자들은 곤란을 겪을 수밖에 없으며, 그런 선이 없다면 직장에 매인 사람들은 좀처럼 선을 행하기 어려울 것이다.

그렇기에 '앉지 않는 선'도 분명 있으리라고 나는 믿는다.

움직이는 것은 마음이다

중국 선종의 6조 혜능선사가 5조 홍인선사 밑에서 깨달음을 얻고, 그 오후(悟後)의 수행을 위해 남해지방으로 건너갔을 때의 일이다. 당시 광주의 법성사에는 인종법사라는 학승이 있어 《열반경》을 강의하고 있었다. 혜능은 이 법성사에 잠시 머물면서 인종법사의 강의를 경청하기로 했다.

어느 날 절에 깃발이 세워졌다. 그 깃발은 이날 《열반경》 강의가 있음을 알리기 위한 것이었다. 인종법사의 강의는 매우 유명했으며, 그 깃발을 보고 멀리서 수많은 사람들이 모여들었다.

이윽고 그 깃발이 바람에 나부끼는 모습을 보며 두 스님이 강의를 시작했다. 이때 한 사람은 "깃발이 움직인다"라고 말했고, 또 한 사람은 "깃발이 아니라 바람이 움직인다"라고 주장했다.

두 사람의 논의는 갑론을박, 좀처럼 앞으로 나아가지 못했다. 그러자 혜능이 나서서 이렇게 한마디 일침을 가했다.

"움직이는 것은 깃발도 바람도 아니네. 바로 그대들 마음이지."

입씨름을 벌이던 두 스님은 혜능선사의 이 말에 그 자리에서 깨달음을 얻었다고 한다. 그리고 나중에 이 이야기를 전해들은 인종법사는 자신이 강의하고 있는 《열반경》의 진리가 바로 이 혜능의 말에 응축되어 있음을 알고는 새삼 그의 제자가 되기를 청했다고 전해진다.

과연 감탄할 만한 이야기가 아닐 수 없다. 분명 우리는 어떤 대상에만 집착하느라 정작 중요한 자신의 마음은 잊어버리기 일쑤이다.

예를 들어, 누구에게나 이런 경험이 있을 것이다. 어느 날은 자신이 상사로부터 특별한 눈길을 받고 있는 사람이라고 여겨져 한껏 우쭐해져 있다가, 며칠 안 있어 어떤 사소한 일을 계기로 그 상사를 불구대천의 원수쯤으로 생각하게 되는 일 말이다. 우리는 같은 한 사람을 두고, 자신의 마음의 움직임에 따라 그렇게 여러 가지로 보고 있는 것이다. 대상은 특별히 달라지지도 않았는데 말이다. 아니, 대상 그 자체는 '공空'인 것이다. 공인 대상을 우리는 자기 멋대로 망상에 사로잡혀 이리저리 생각하고 있다는 이야기이다.

다음은 마조도일馬祖道一이 남악회양南岳懷讓 밑에서 수행하고 있을 때의 이야기이다. 마조도일은 날마다 한자리에 앉아서 좌선에 힘을 쏟고 있었다.

어느 날 남악이 찾아와 마조에게 묻는다.

"무엇을 하고 있느냐?"

"좌선을 하고 있습니다."

"무엇을 위해서?"

"부처가 되기 위해서입니다."

마조가 그렇게 답하자, 남악은 마조의 옆에 자리를 잡고 앉는다. 그리고 그 옆에 떨어져 있던 벽돌 조각 하나를 줍더니 그것을 말없이 돌 위에 문지르기 시작했다. 벽돌 조각은 어디에나 널려 있는 흔하디흔한 돌조각에 지나지 않았다. 이런 기묘한 일을 시작한 남악의 행동을 의아하게 여긴 마조가 묻는다.

"무엇을 하고 계십니까?"

"벽돌을 갈고 있다."

"그것을 갈아서 무엇에 쓰시려구요?"

"거울로 쓰려는 것이지…."

"벽돌을 갈아봐야 거울이 될 리 있겠습니까?"

"호오, 그런가? 그걸 아는 사람이 어째서 좌선을 해서 부처가 되겠다는 것이냐? 좌선을 한다고 어디 부처가 된다더냐?"

마조는 이에 아무런 대답도 하지 못했다. 아마도 그의 등줄기에서는 식은땀이 흘러내리고 있지 않았을까.

그렇게 얼마가 지나고 나서야 마조는 남악에게 가르침을 청했다.

"그럼 어찌하면 좋겠습니까?"

"사람이 수레를 타고 가다가 수레가 움직이지 않게 되면 그대는 어찌하겠는가? 수레를 치겠는가, 수레를 끄는 소를 치겠는가?"

그런 가르침을 듣고 나서야 마조는 마침내 깨달음을 얻었다. 자신이 이제까지 수레에 채찍을 휘두르는 우를 범했음을 알게 된 것이다. 이를 게기로 마조는 남악의 법통을 이어받게 된다.

하지만 우리에게 이것은 어려운 이야기가 아닐 수 없다. 애초에 남악이 벽돌을 갈기 시작한 것은 마조에게 좌선의 무용함을 가르치기 위함이었을까? 표면적으로는 좌선 같은 것은 소용이 없다는 것을 말하고 있는 것처럼 생각되는데, 과연 그렇게 받아들여도 될까? 아무래도 어딘가 잘못되어 있는 것 같은 생각을 지울 수 없다.

남악이 말하고 싶었던 것은 좌선을 하면 부처가 될 수 있다—깨달음을 얻게 된다—고 생각하는 마조의 그 믿음이 당치 않은 오해라는 점이다. 인간에게는 모두 불성(부처가 될 수 있는 본성)이 있어서, 분명 좌선을 행하면 부처도 될 수 있다. 하지만 그 사실만을 굳게 믿고 그대로 행하고자 한다면 좌선 그 자체에만 집착하고 있는 것은 아닐까? 사람이 좌선을 하고 있다기보다 좌선이 오히려 인간을 얽어매고 있는 셈이다. 남악은 바로 그러한 점을 마조에게 깨우쳐주고 싶었던 것이다.

매사를 적당히 하라

　대학 졸업식에서 총장이 졸업생들에게 주는 축사가 때로 신문에 실릴 때가 있다. 그 가운데는 사람들에게 깊은 감동을 주는 멋진 말들이 있는가 하면, 너무 내용이 없어서 실망스런 이야기들도 있다. 후자에 속하는 것 중에서도 '작은 친절'이라는 말이 나에게는 가장 듣기 거북하다. 이때의 작은 친절이란 대개 독선적인 친절이기 십상이다. 이는 상대가 원하든 원하지 않든 상대에게 행하는 일방적인 친절이며, 상대의 감정을 상하게 하고도 태평한 친절이다. 그런 친절을 베풀 바에야 차라리 무시하거나, 오히려 적의를 드러내는 편이 더 나을지도 모른다.
　'작은 친절, 크나큰 민폐'. 누가 한 말인지는 모르지만, 참으로 그럴듯하다고 생각한다. 내가 졸업할 때의 총장님이 바로 이 '작은 친절'의 제창자였다. 나는 그만 흥이 깨져서 졸업식에도 참석하지 않고 근처 찻집에 들어가 커피를 마셨다.
　송나라 때 선승 가운데 법연法演이라는 분이 있다. 5조 법연이라 불린다.

그는 자신의 제자가 한 절의 주지가 되어 나갈 때 제자에게 4가지의 계를 주었다. 그것을 읽다가 나는 고개를 갸우뚱한 적이 있다. 그 계라는 것이 모두 통속적인 말들뿐이었기 때문이다. 법연이 말한 4계는 다음과 같다.

1. 복을 다 받지 말라, 반드시 재앙이 따른다.
2. 기운을 다 쓰지 말라, 모두 쓰게 되면 반드시 욕됨을 당한다.
3. 말을 다 하지 말라, 모두 말해버리면 기밀機密해지지 못한다.
4. 규칙을 다 행하려 하지 말라, 이를 모두 행할 때는 더불어 살기가 어렵다.

일일이 설명할 필요도 없을 듯하지만, 그래도 사족을 달아보기로 하자.
우선 복을 다 받지 말라는 것은 철저히 추구하지 말라는 뜻이다. 복을 다 받는다는 것은 곧 행복 위에 다시 행복을 구하는 일이 된다. 너무 지나치게 구하다보면 재앙을 불러온다. 즉, 행복이 넘치면 오히려 불행을 부른다는 것이다.
그런데 특별히 행복을 추구한 것도 아닌데, 어떤 경우 행운이 겹치는 수가 있다. 그것은 말하자면 자연스러운 흐름으로 그렇게 되는 것인데, 두 번째 교훈도 어쩌면 그것을 이르는 것인지도 모른다. 사람은 기운이나 혹은 기세라는 것을 다 써버려서는 안 된다. 어떤 기운이나 흐름을 지나치게 타다보면 그만 일을 그르치는 경우가 있다. 지나치게 거기에 경도되다보면 남에게 속임을 당하거나 모욕을 당할 수도 있다.

　말이 너무 많은 것 역시 한번쯤 생각해볼 일이다. 말 한 마디가 더해져서 낭패를 겪는 일도 적지 있다. 말을 너무 많이 하다보면 그 말이 엉성해질 수밖에 없다. 말이 너무 많아지다보면 오히려 그 진정한 뜻이 애매해져버리는 경우를 종종 경험한 적이 있을 것이다.

　끝으로 규칙은 지나치게 엄밀하지 않은 것이 좋다. 규칙이 지나치게 엄격하고 조밀해지다보면 사람이 기를 펴지 못하게 되고, 또 거기서 달아나고 싶어진다. 그런 지도자 밑에는 사람들이 두루 모이지 않는다. 지도자가 될 만한 사람은 그 저변을 아우를 수 있어야 한다.

　이 전체를 한마디로 한다면 '매사를 적당히 하라'는 것으로 요약할 수 있다. 처음에 읽었을 때는 선승의 말씀치고는 너무 틀에 박힌 말이라는 생각이 들었는데, 거듭해서 읽어볼수록 그 깊은 뜻을 되새기게 된다. 적어도 '작은 친절'보다는 훨씬 윗길이라 하겠다. 이 말에는 넉넉한 인간미가 담겨 있으며, 차분하게 가라앉은 어른의 말씀인 것이다.

　이렇게 평범한 말들을 제자에게 주는 법연이라는 인물이 어느새 매우 좋아지게 되었다.

해답은 하나가 아니다

달마가 처음 중국에 왔을 때, 양무제와 대면하게 되었다. 무제는 당시 중국에서 최고의 교양인에 속했다. 그는 불교를 보호하고 장려했으며, 그 자신도 《반야경般若經》《열반경》 등의 강의를 할 만큼 학식이 깊었다. 그렇기에 그는 인도에서 온 달마라는 인물을 시험해보고 싶은 생각이 없지 않았을 것이다.

무제가 물었다.

"짐은 이제까지 수많은 사원을 지었고, 경전을 옮겼으며, 또한 승려들을 도와왔다. 이러한 행위에는 어떤 공덕이 있겠는가?"

"무공덕!"

달마는 너무도 냉정하게 잘라 말했다. 그 대답은 무제가 미처 예기치 못한 것이었다. 무제는 당황하여 얼른 다른 질문을 한다.

"어떤 것이 성체聖諦의 제일의인가?" (어떤 것이 최고의 진리인가?)

"확연무성廓然無聖." (하찮고 텅 비어 성스러울 것이 없다.)

"짐을 대하고 있는 그대는 누구인가?"(너는 대체 누구란 말인가?)

"불식不識."(모른다.)

어디 한 자락 발 붙여볼 데가 없었다. 무제는 문답을 포기할 수밖에 없었다. 인도에서 온 보리달마 또한 더 이상 그런 소인배를 상대하고 있을 수 없다는 생각에서 그 자리를 떠나버렸다.

우리 역시 무제와 그리 다를 바가 없다. 아마도 달마와 문답을 나눈다면, 무제와 마찬가지로 쩔쩔매다가 끝나고 말 것이다.

"저는 이제까지 이러이러한 일들을 열심히 해왔습니다. 이러한 행위에는 어떤 공덕이 있을까요?"

"무공덕!"

이 말을 듣고 우리 역시 무제처럼 주춤거리며 뒤로 물러날 수밖에 없을 것이다. 사원을 짓거나, 경을 옮겨 적거나 하는 일은 분명 공덕을 쌓는 행위임이 분명한데, 왜 달마대사는 그것을 부정했을까? 우리로서는 도무지 알 수 없는 노릇이다.

달마의 '무공덕'에는 여러 가지 의미가 담겨 있다. 어떤 의미에서 이는 선의 공안이다. 공안이란 선사가 제자에게 주는 일종의 시험문제이다. 단, 시험문제라고 해도 오늘날의 시험문제와는 달리 정답이 없다. 정답이 없기에 각자 그 자신이 답을 생각해낼 수밖에 없는 것이다.

정답이 없다는 것과 관련해서 잠시 말해두고 싶은 것이 있다. 나는 대학에서 학생들을 가르치고 있는데, 가끔 일신상의 문제를 의논하러 찾아오는 학생들이 있다. 비교적 많은 경우가 지금 다니는 학교를 그만두고 다른 학교에 가고 싶다는 내용의 상담이었다.

"학교를 그만두는 게 좋을까요? 아니면 그냥 여기서 열심히 공부하는 게 나을까요?"

그럴 때 나는 이렇게 충고한다.

"정말 잘 모르겠니?"

"네, 어느 쪽이 좋을지 잘 몰라서…."

"그럼 주사위를 던져서 정하면 되겠다. 홀수는 그만둔다, 짝수는 계속 다닌다? 어때?"

그렇게 말하면 대부분의 학생들은 화를 낸다. 개중에는 '교수님, 저는 정말 진지합니다!' 하면서 정색을 하는 학생도 있다.

진지하게 물었으니 당연히 그 대답도 진지해야 한다고 믿는 것이다. 진지한 질문에 진지하지 않은 대답이 있을 수 있다는 것을, 혹은 반대로 진지하지 않은 질문에 진지한 대답이 있을 수도 있다는 것을 인생 경험이 많지 않은 젊은이들은 아직 모른다. 그렇기에 진지한 질문에는 진지한 대답, 장난스러운 질문에는 장난스러운 대답, 그렇게밖에는 생각하지 못하는 것이다.

아니, 애초에 인생의 문제에 정답이 있을 것이라고 굳게 믿고 있는 것이다. 어떤 여성과 결혼하는 것이 좋을까? 그 여성과 결혼을 포기하는 것이 더 나을까? 그런 문제에 무슨 정답이 있을 수 있겠는가? 하지만 그들은 무조건 어느 쪽이 정답인지를 고민한다.

학교에서 보는 시험에 언제나 정답이 있기에, 인생의 문제에 있어서도 하나의 정답이 있을 것이라고 굳게 믿고 있는 것이다. 참으로 우스운 일이라고 하겠다. 그렇기에 나는 슬며시 그들을 한번쯤 놀려주고 싶은 생각이 드는 것이다.

🌸 정신의 큰 자유

　선승이 여러 명의 제자를 거느리고 만행길에 나섰다. 그러다 어느 강가에서 한 여자를 만나게 되었는데, 그 여자가 빼어난 미모의 소유자였다고 해두자. 사실, 이 이야기는 그 여자의 미추와는 아무 관계가 없지만 말이다. 아니, 애초에 미추 따위는 존재하지 않는다. 더 심하게 말하면 '여자'도 없다. 모든 것은 공일 따름이다. 하지만 그렇게 말해버리고 나면 이야기가 더 이상 앞으로 나아가지 못한다. 그러니 일단 여기서는 아름다운 한 여자가 있었다고 해두기로 한다.

　그 여자는 마침 강을 건너지 못해서 애를 태우고 있었다. 그 강에는 다리도 없었고, 그녀를 도와줄 만한 사람도 보이지 않았다. 바로 그럴 즈음에 선승의 일행이 그곳에 당도한 것이기에, 그녀는 부드러운 목소리로 도움을 청했다. 자신을 안아서 저 강을 건너게 해줄 수 없겠느냐고.

　그러자 선승은 흔쾌히 그러겠노라고 답한 뒤, 그녀를 번쩍 안아올렸다. 그 바람에 그녀의 입술이 선승의 어딘가를 스쳤을지도 모르고, 혹은 그녀의 교성에 선승도 함께 따라 웃었는지도 모를 일이다. 분명 볼 만한 광경이었을 것임엔 틀림없다. 건너편 기슭으로 무사히 건너간 여자는 고맙다는 말을 하고는 곧 제 갈 길로 총총히 사라져갔다.

그런데 문제는 그녀가 가버린 뒤, 선승을 바라보는 제자들의 얼굴이 그다지 밝지 않았다는 데 있었다. 말없이 스승 뒤를 따르던 제자들 중 한 사람이 이윽고 선승을 향해 입을 열었다. 그의 목소리에는 힐난의 기색이 역력했다.

"스승이시여, 어찌하여 그리 쉽게 젊은 여자를 품에 안으셨단 말입니까?"

그 제자의 말이 끝나기가 무섭게 다른 제자들도 앞다투어 말했다.

"스승이시여, 불교에서는 여자와 접촉해서는 안 된다고 가르치고 있지 않습니까? 여자를 범하는 것은 곧 죄가 아닙니까?"

"맞습니다. 저도 줄곧 그것이 마음에 걸렸습니다. 그렇다면 그 정도로 여자와 가까이하는 것은 괜찮다는 말씀입니까? 아무리 그렇더라도 여자를 품에 안는 행위는 삼가야 할 행동이 아닌지요?"

"그 일은 평소 스승님의 언행과 모순되는 것이 아닙니까?"

강을 지나온 지 한참이 되어서도 제자들의 마음속에는 이러한 번민이 끊이지 않았던 것이다. 마치 봇물이 터지 듯, 제자들의 입에서 불평과 질책이 쏟아져나왔다. 하지만 선승은 그러한 제자들의 말을 모두 듣고는 박장대소했다.

"우하하하! 너희들은 아직도 그 여자를 품고 있었단 말이냐? 나는 벌써 오래 전에 그 여자를 강 건너에 내려놓있는데 말이다."

그렇다! 그때까지 여자를 내려놓지 못하고 있는 이들은 바로 이 제자들이었던 것이다. '여자'가 대체 어쨌다는 말인가. 어차피 모든 것은 공일 따름이다.

아이는 아이일 뿐이다

　부모의 자식에 대한 소망이나 바람은 실로 대단하다고 할 수 있다. 내 주변에는 교실에서는 무엇이든 잘하지만, 운동에는 소질이 없는 초등학생 하나가 살고 있다. 그 아이의 아버지는 아이에게 필사적으로 매달려 아이를 다그친다. 그 집념은 무서운 생각이 들 정도였는데, 왜 그렇게까지 아이를 힘들게 하는지, 제삼자가 보기에는 이상한 생각이 들 정도였다.

　부모는 공부도 잘하고, 운동도 잘하는 그런 모범생을 바라는 것일까? 세상에는 애당초 그런 우등생도 모범생도 있을 리 없다는 당연한 사실을 그는 잊고 있는 것 아닐까? 만약 그런 만능 모범생이 있다면, 아마도 그건 도깨비가 아닐지.

　우리는 자칫 스스로 '이래야 한다' 는 틀을 만들어놓고 자신도 모르게 거기에 빠지기 쉽다. 남편은 이래야 하고, 아내는 이래야 하며, 자식 역시 마찬가지이다. 그리고 자신이 만들어놓은 그 좁은 틀 속에서 괴로워하며, 옴짝달싹하지 못한다. 참으로 어리석기 짝이 없는 일이지만, 많은 사람들이 자신도 모르는 사이에 그러한 우를 범한다.

　선이나 불교가 우리에게 가르쳐주는 것은 그러한 좁은 틀 속에서 벗어나 궁극적으로 보다 자유로운 사람이 되라는 것이다.

　어느 수행자는 '선이란 무엇인가' 라는 물음에 대해서 "졸리면 자고, 배가 고프면 먹는 일"이라고 답했다. 그것은 우리가 평소에 늘 하고 있는 일이라고 생각하기 쉽지만, 사실은 결코 그렇지가 못하다. 우리는 딱히 졸립지도 않은데 자려고 하고, 배가 고프지도 않은데 밥을 먹기도 한다. 밤 12시가 되었으니 이제 그만 자야만 한다는 식의 규범을 만들어내고는 자승자박에 빠지게 된다. 잠이 오지 않아도 자야 해, 자야 해 하면서 억지로 자보려고 애를 쓰는 것이 바로 우리들 범부의 모습이다. 깨달음을 얻은 선 수행자만이 졸리면 잘 수 있는 것이다.

　그리고 깨달음을 얻은 선 수행자의 눈으로 보면 모든 아이들이 바로 내 아이, 착한 아이로 보인다. 내 아이, 남의 아이라고 하는 차별을 두지 않는다. 모두 한결같이 평등하게 볼 수 있는 것이 깨달은 이의 눈이다.

　하지만 우리들 범부의 눈은 애초부터 흐려져 있다. 내 아이와 남의 아이에 대한 차별을 도저히 버리지 못한다. 그것이 바로 부모의 욕심인 것이다. 욕심으로 인해 눈이 흐려져 있는 것이다.

　어쨌거나 그것은 그것으로 족하다. 갑작스레 우리가 깨달음을 얻을 수 있는 것도 아니다. 부모가 자기 자식을 예뻐하고 편드는 것은 어쩌면 당연하다. 그것이 바로 범부의 모습이다.

하지만 범부인 우리도 한 가지 할 수 있는 일은 있다. 할 수 있다고 해도 그렇게 간단하지 않을지 모르지만, 어쨌거나 내 아이를 다른 아이들과 비교하지 않는 일이다. 더 나아가 자신이 세운 '기준'이라는 이름의 틀 속에 억지로 자신의 아이를 끼워맞추려 하지 않는 것. 이것은 자신의 아내나 남편에 대해서도 마찬가지이다.

내 아이, 내 아내 혹은 내 남편은 이 세상에 둘도 없는 자식이요, 아내요, 남편인 것이다. 만약 내 아이가 죽는다면 '자, 그렇다면 이 아이로 하지요' 하면서 다른 대체품을 가져올 수 있는 것도 아니다. 나는 다름아닌 바로 이 아이와 만나 부모의 연을 맺은 것이다. 또한 이혼을 하지 않는 한 지금 자신에게는 단 하나뿐인 아내이고, 남편이다. 그런 소중한 존재들을 남의 아이, 남의 아내와 비교해서 무엇을 어쩌자는 말인가. 비록 내 아이를 야단치고 나무랄 때에도 결코 남의 아이와 비교해서 야단을 쳐서는 안 된다. 나와 내 아이의 관계는 오로지 이것뿐인 단 하나의 관계이므로.

❋ 족함을 안다는 것

안분지족安分知足이라는 말이 있다. 이것은 말 그대로 제 분수를 지키며 만족할 줄 아는 마음이다. 만족해야 하는 정도를 알고 있고, 지나친 욕망을 품지 않는 것을 말한다. 다른 말로 하면 '정신적 8부주의' 라고나 할까. 이것은 제 분수를 지키며, 지나치게 아득바득 살지 말라는 일종의 훈계를 담고 있다.

예전에는 이 말을 별로 좋아하지 않았다. 어딘지 구태의연한 것 같고, 봉건사회의 사농공상의 신분제도와 같은 것들이 연상되었기 때문이다. 아마도 내가 젊었기 때문인 이유도 있을 것이다. 젊었을 적엔 누구나 저돌적이 아니던가. 아니, 내가 젊었던 때문만은 아니다. 우리 사회 전체가 젊었던 시절이었다. 전후 부흥기에서부터 고도 성장기까지 일본인들은 억척스럽게 일만 해왔다. 엄청나게 탐욕스러웠고, 오로지 앞만 보며 일했다.

그 덕분에 일본은 기적적인 경제부흥을 이룩했으며, 세계적인 경제대국으로 성장했던 것이다. 그것만 본다면 그 자체는 기뻐할 만한 일이다. 하지만 과연 그렇게 기뻐만 할 수 있을까? 억척스럽게 앞만 보고 일하는 사이, 우리는 너무나 많은 것을 잃어버리고 말았다.

농경사회나 목축사회에서 인간의 욕망은 저절로 그 한계가 설정되었다. 악착같이 일해서 수확을 3, 4배로 올려봐야 사람의 위는 그렇게 많은 것을 담을 수가 없었다. 2마리 물고기로 족할 것을 3마리를 잡아보아야 그 한 마리는 아무 쓸모도 없었다. 공연히 물고기를 썩힐 뿐이었다. 그렇기에 2마리를 잡게 되면 그것으로 족할 뿐, 더 이상의 쓸모 없는 일을 하지 않았다. 그저 편안히 나무 그늘 아래서 낮잠이나 자면 그만이었다.

하지만 상업사회나 공업사회로 들어서면서 그 양상은 크게 달라지게 된다. 남은 물고기를 다른 사람에게 팔 수도 있고, 그것을 화폐로 교환하여 모아둘 수 있게 된 것이다. 편리하게도 돈은 아무리 두어도 썩지 않는다. 공업제품 역시 썩는 물건이 아니다. 돈으로 바꿔서 가지고 있어도 좋고, 제품으로 그대로 소유하고 있을 수도 있다.

이렇게 해서 인간은 악착같아지기 시작한다. 2마리의 물고기를 잡은 뒤에도 또다시 낚시에 미끼를 끼워 한 마리를 더 잡아보려고 하는 것이다. 이윽고 그 3마리는 4마리가 되고, 다시 5마리, 6마리로 늘어난다. 욕망은 끝이 없고, 더욱 커져갈 뿐이다. 그 결과 인간은 욕망의 노예가 되어버린다.

근대사회는 더욱 고약하다. 물고기를 썩지 않게 하는 기술, 즉 냉동기술까지 개발해냈기 때문이다. 그렇게 되자 사람들은 고기란 고기는 모두 잡으려고 혈안이 되었고, 잡지 않는 만큼 손해라는 생각을 하게 되었다. 필요한 만큼 잡는다는 생각은 자취를 감추었고, 더 잡을 것이 있음에도 남겨두는 것은 오히려 죄악처럼 여겨지게 되었다. 참으로 무섭고 천박한 모습이 아닐 수 없다.

흡사 아귀와도 비슷하지 않은가? 이러한 모습이 현재 우리의 자화상인 것이다. 언제부터인가 우리는 아귀도에 빠지고 만 듯한 생각이 든다. 악착같이 돈을 버는 데만 온 정신을 쏟고 있는 것이다.

그렇다면 어떻게 해야 할까?

나는 정신적 8부주의를 제안한다. 그렇게 악착같이 살지 말라고 외치고 싶어진다. 족함을 아는 것, 그것으로 이미 충분하다고 스스로의 욕망에 한계를 두고, 얼마쯤은 여유자적하게 살아보는 것은 어떨까. 아무리 돈을 많이 벌어도 관 속에까지는 가져갈 수가 없다. 저 세상으로 갈 때는 우리가 가진 모든 것을 삼도천(三途川, 사람이 죽어서 명부冥府의 염마청閻魔廳에 가는 도중에 건너야 한다는 강—옮긴이)에 내려놓고 가야만 하는 것이다.

정신적 8부주의, 나는 이것이 불교에서 말하는 '중용'의 가르침과 크게 다르지 않다고 생각한다. 아귀도에 빠진 사람들이 이 말을 통해 다시 한번 중용의 가르침을 생각해볼 수 있었으면 한다. 그렇지 않으면 정말 크나큰 낭패를 겪게 될지도 모른다.

무심과 동심

불교에서는 '동심童心'이라고 하는 것을 그다지 높게 평가하지 않는다. 기독교에서는 동심을 순진무구한 것으로 보지만, 불교에서는 그것을 '유치한 마음'이라 낮게 본다. 어린아이의 마음이 순수할지는 모르지만, 사람은 언제까지나 어린아이인 채로 있을 수는 없다. 사람인 이상 망념으로 인해 그 마음은 더럽혀지게 마련이다. 그래서 불교에서는 더러움이 없는 순수함을 유지하기보다는 더럽혀진 마음을 어떻게 할 것인지를 문제삼는 것이다. 즉, 망념의 극복에 초점을 맞추고 있다.

그리고 그것을 극복했을 때 얻어지는 마음을 바로 '무심無心'이라 부르는 것이다. 그러한 의미에서 볼 때 기독교의 동심과 불교의 무심은 서로 어울릴 수 있을 것이다. 단, 무심이라고 했을 때, 그것은 마음이 느슨하거나 아무 생각 없이 텅 빈 상태를 말하는 것이 아니다. 아무것에도 구애됨이 없는 상태를 일컫는 것이다.

선 사상으로 이름을 떨친 스즈키(鈴木) 선생은 다음과 같은 비유를 한 적이 있다.

숲속에 '깨달음'이라는 동물이 살고 있었다. 나무꾼이 도끼를 휘둘러 나무를 베려고 하자, 그 동물이 옆에 다가와 나무꾼을 놀려댄다.

"당신, 지금 나를 잡고 싶은 거지?"

분명 나무꾼은 그 깨달음이란 동물을 잡기를 염원하고 있었다. 깨달음이란 녀석은 상대의 마음을 읽을 줄 아는 동물이었다. 자신의 속마음을 들킨 나무꾼은 애써 모른 척 시치미를 뗐다. 그러자 깨달음은 그것까지 몽땅 읽어버린다.

"지금 일부러 모른 척하는 거지? 그러다가 내가 방심하면 잡으려는 거지?"

"…"

"내 말이 맞으니까, 더더욱 할 말이 없는 거지?"

"…"

"이젠 날 붙잡는 걸 포기해야 할 것 같다는 생각이 들 거야. 그것 봐, 이번에는 또 저 녀석을 대체 어떻게 잡아야 하지 생각하고 있잖아."

하지만 나무꾼은 도끼로 나무를 내리찍는 일에 열중하느라 잠시 깨달음이란 존재를 잊고 있었다. 바로 그때, 도끼를 쥔 손이 미끄러지며 그의 도끼날은 깨달음을 향해 날아가게 되었다. 그리고 그 도끼날에 맞아 마침내 깨달음이란 녀석은 죽고 말았다. 드디어 나무꾼은 깨달음을 붙잡을 수 있게 되었다.

그는 바로 이것이 무심이라고 말한다. 그 어떤 것에도 구애되지 않는 자유로운 상태를 일컫는 것이다. 무심과 동심은 비슷한 것 같지만, 이렇듯 서로 전혀 다르다.

안달하는 마음

　신란 성인은 자주 '자연법이自然法爾'라는 말을 했다. 이것은 '있는 그대로'라는 뜻이다. 우리가 만약 좋은 일을 해야지 하고 생각했을 때는 이미 내 마음이 거기에 붙들려 있는 것이다. 또는 자신이 이러이러한 일을 했으니 당연히 상대방도 기뻐해주겠지라고 생각했을 때, 거기에는 이미 타산이나 계산이 들어가 있다. 그 역시 얽매이고 붙들려 있는 마음인 것이다. 신란 성인은 종교의 경지란 바로 그와 같이 얽매인 마음이 아닌, 보다 자연스러운 것, 있는 그대로의 마음이라 생각한 것이다.

　도겐(道元) 선사의 '안횡후직眼橫鼻直'이라는 것도 같은 의미일 것이다. 우리 인간의 눈은 양옆에 붙어 있다. 그리고 코는 똑바로 세로로 서 있다. 그것으로 족한 것이다. 그것이 그대로 깨달음의 세계이다.

　'선이란 무엇인가'라는 물음에 어떤 고승은 "배가 고프면 밥을 먹고, 잠이 오면 드러눕는다"고 답했다. 그렇듯 평범하고도 지극히 당연한 일이 바로 선이라는 것이다. 그렇다면 그것은 누구나가 할 수 있다. 나는 매일 그렇게 산다고 주장하고 싶겠지만, 실제로는 그렇지 못하는 것이 아닐까? 그다지 배가 고프지 않은데도 점심시간이 되었다는 이유만으로 밥을 먹기 위해 밖으로 나간다. 그리고 어머니는 아이들에게 "자, 얼른 더 먹어. 더 먹지 않으면 키가 크지 않는다구" 하면서 어떻게든 자식에게 더 먹이기 위해 애를 쓴다. 사실은 아이들이 더 정직한 편이어서, 배가 고프면 누가 더 먹으라고 하지 않아도 열심히 무엇이든 먹으려고 한다. 아이가 먹으려고 하지 않는 것은 아직 배가 고프지 않은 증거이므로, 그럴 때는 그냥 놓아두는 것이 좋다. 어떤 면에서는 아이들이 부모보다 더 선승의 경지에 가까이 가 있는지도 모른다.

졸리면 잔다. 이것이야말로 더욱 실천하기 어려운 일이다. 그것이 잘 안 되기 때문에 수면제가 팔리는 것이다. '아, 벌써 12시잖아, 빨리 자야지.' '벌써 3시야, 여름은 해가 빨리 뜨니까 이제 곧 날이 밝아올지도 몰라. 큰일났네, 어서 빨리 자야 하는데' 라는 걱정으로 인해 우리의 눈은 점점 더 말똥말똥해진다.

배가 고프면 먹고, 잠이 오면 잔다. 선이란 이렇듯 평범하면서도 있는 그대로의 것이다. 우리의 애면글면하는 마음, 언제나 내일을 걱정하는 마음 속에는 선이 있을 리 없다. 선도, 불교도, 종교도 '계산하는 마음'과는 정반대의 경지인 것이다.

| 제6장 |

지혜 智慧

있는 그대로 바라보기

지혜는 다른 말로 반야般若라고 한다. 고대 인도어인 '반야'를 일컫는 것이다. 《반야심경》이란 이러한 지혜에 대해서 서술한 경전이다. 우리의 일상적인 지혜는 꾀나 간지奸智에 해당하는 저차원의 지혜도 적지 않다. 하지만 여기서 말하는 지혜는 보다 차원이 높은 것이다. 존재의 본질이나 전체를 파악하는 지혜라고 할 수 있지 않을까.

인간도 부처가 될 수 있다

불교佛敎는 말 그대로 '부처의 가르침'이다. 부처가 우리 중생을 위해 설파한 가르침이 바로 불교이다. 그와 동시에 불교에는 또 다른 의미가 있다. 그것은 '부처가 되기 위한 가르침'이다. 우리가 수행을 하여 마침내 깨달음을 얻으면 부처가 될 수 있다는 것이다. 그런데 대체 어떻게 하면 부처가 될 수 있는 것일까? 그 방법을 가르쳐주는 것이 바로 불교이다.

그러한 점에서 불교와 기독교는 근본적인 차이가 있다. 불교는 '부처의 가르침'인 동시에 '부처가 되기 위한 가르침'이지만, 기독교는 '그리스도의 가르침'이기는 하지만, 결코 '그리스도가 되기 위한 가르침'은 아니다. 인간이 그리스도가 될 수 있다고 생각하는 것 자체가 기독교에서는 큰 모독일 수 있다. 왜냐하면 그리스도는 신의 아들이며, 신 그 자체이고, 그리고 신과 인간은 완전히 단절되어 있기 때문이다.

하지만 불교는 다르다. 불교에서는 부처와 인간은 연속되어 있는 것이다. 수행에 의해 인간은 부처가 될 수 있다.

아니, 본래 '부처'라는 말 자체가 인간과의 연속성을 보여주고 있다. '부처'란 산스크리트 어인 '붓다Buddha'를 음역한 '불타佛陀'인 것이다. 그리고 그 뜻은 '깨달은 자'이다.
　그리고 역사적으로는 세존이 최초의 '부처'인 셈이다. 석가국의 왕자로 태어나 왕국의 영화로운 생활을 버리고 출가하여, 마침내 수행 끝에 깨달음을 얻은 세존이 이 세상에서 인간에서 부처가 되신 최초의 인물이다. 세존의 나이 35세에 부다가야 보리수 아래서 얻은 깨달음은 우리 불교도에게는 기념할 만한 사건이 아닐 수 없다. 전설에 따르면, 세존이 부처가 되신 것은 음력 12월 8일이었다고 한다. 그래서 불가에서는 이날을 '성도일成道日'이라 부르며 축하하는 것이다.
　하지만 나는 이 역사적인 사건을 한 걸음 뒤로 물러서서 부처의 의미를 얼마쯤은 사상적, 철학적으로 생각해보고 싶다. 즉, 부처란 과연 어떤 존재인지를 되묻고 싶은 것이다.
　일단, 결론부터 말해보면 부처는 '진리'라고도 할 수 있을 것 같다. 왜냐하면 세존―첫번째 부처인 세존―은 진리를 깨달음으로써 부처가 되셨으며, 또한 세존과 마찬가지로 진리를 깨달으면 누구나 부처가 될 수 있음이 보증되어 있기 때문이다.
　그렇다면 반드시 세존만이 부처는 아니라는 이야기가 된다. 진리는 보편적인 것이므로, 영원의 과거에서부터 미래에 걸쳐 진리는 언제까지나 진리로서 존재할 것이다. 따라서 세존 이외에도 그 진리를 발견하여 부처가 된 사람이 얼마든지 있을 수 있는 것이다.

  다소 별난 표현이 용서된다면, 즉 진리는 세존의 전매특허가 아닌 것이다. 사실 나는 이것이 매우 재미있는 표현이라고 생각한다. 왜냐하면 기독교나 이슬람 교에서도 창시자인 예수 그리스도나 마호메트가 진리를 설파했는데, 그 진리는 바로 전매특허적인 진리인 것이다. 예수나 마호메트가 아니면 설파할 수 없는 진리, 즉 개성적인 진리였다. 하지만 불교에서는 보편적인 진리가 설파되어 있다. 그것이 보편적인 진리인 까닭에 우리는 그 진리를 깨달음으로써 부처가 될 수 있는 것이다. 기독교나 이슬람 교에서 말하는 진리는 창시자들의 전매특허이기에 그 누구도 신이 될 수 없는 것이다.

공의 가르침

《반야심경般若心經》은 불과 300자 남짓한 짧은 경전이다. 읽으려고 마음만 먹으면 2~3분 만에도 읽을 수가 있다. 하지만 거기에는 대승불교의 가르침의 정수가 응축되어 있다.

입이 거친 친구 하나가 말하길, 《반야심경》은 비둘기 같은 경전이라고 했다. 즉, '공, 공, 공' 하면서 비둘기 울음소리가 반복된다는 것이다. 그 말을 듣고보니 과연 《반야심경》의 가르침은 '공空'이라는 한마디로 집약할 수 있을 것 같다.

그렇다면 대체 공이란 무엇인가? 이는 그리 쉬운 문제가 아니다. 불교 용어로 말하면 '무자성無自性'이라고도 하고, 또는 여러 가지 다른 말로도 설명된다. 그래봐야 무엇 하나 분명하지가 않다. 그래서 나는 이런 예를 한 번 생각해보았다. 조금 저급한 이야기라서 죄송하지만, 사실 고급이니 저급이니에 얽매여 있는 것 자체가 공의 가르침에 어긋나는 것일지도 모른다는 생각에 감히 이야기를 꺼내보기로 한다.

여기 아주 값비싼 컵이 있다고 가정해보자. 그리고 그 컵에 당신의 소변을 담기로 한다. 화장실로 컵을 가져가서 거기에 대고 볼일을 본다. 그런 다음 그 컵을 깨끗하게 닦는다. 가능하다면 열탕 소독을 해도 좋다. 그리고 그렇게 씻은 컵에 맥주를 따르고, 자, 이제 그 맥주를 주욱 들이켜보기로 한다.

과연 그렇게 할 수 있을까? 너무 무리하지는 않는 게 좋을 것 같다. 그 맥주를 마실 수 있다고 자신있게 말하는 분은 꽤나 별난 사람일 것이고, 대부분의 사람들은 그렇게 하기가 쉽지 않을 것이다. 어쩌면 그게 당연하다. 그런데 과연 왜 그렇게 하지 못하는 것일까?

컵이 더러워서 그렇다고 말하는 사람도 있겠지만, 그건 그렇지가 않다. 깨끗이 닦고 소독까지 했으므로 더럽지는 않다. 하지만 그 컵에 소변을 담았다는 사실을 모르는 사람은 아무렇지도 않게 태연히 맥주를 마실 수 있다. 컵 그 자체는 조금도 더럽지가 않은 것이다. 문제는 바로 우리의 마음에 있는 것이다.

컵 그 자체는 깨끗하지만, 아니 그보다 컵은 깨끗함과 더러움을 초월해 있는 존재이다. 그것이 바로 공이다. 컵 그 자체는 공이며, 그것은 깨끗함과 더러움을 초월해 있다. 그것을 깨끗하다, 더럽다 하면서 거기에 구애받고 있는 것은 바로 우리의 마음이다. 마음이 자기 멋대로 깨끗하다, 더럽다는 관념을 만들어내고 있다고 할 수 있다.

이것이 바로 공의 의미이다. 깨끗하다, 더럽다뿐만이 아니다. 선과 악,

길고 짧음, 아름다움과 추함, 유익함과 유해함과 같이 그 상대성을 초월한 것이 공이며, 일체의 모든 존재가 바로 공인 셈이다. 그것을《반야심경》은 '색불이공 공불이색 색즉시공 공즉시색色不異空 空不異色 色卽是空 空卽是色' 이라 표현하고 있다. '색'이란 '사물'을 일컫는 것. 세상의 모든 존재가 공이며, 그 공이 그대로 존재인 셈이다.

물론 공이란 텅 빈 것은 아니다. 예를 들어, 여기 한 아이가 있다고 가정할 때, 그 아이는 '내 아이' '남의 아이'와 같은 차별을 초월한 존재라는 의미이다. 그 점을 바로 공이라고 한다. 아이는 아이일 뿐이다. 똑똑한 아이, 똑똑하지 못한 아이, 착한 아이, 나쁜 아이, 평범한 아이, 정직한 아이, 심술궂은 아이… 그러한 차별은 우리 범부의 마음이 헤맨 끝에 만들어낸 것에 불과하다. 아이의 존재 자체는 그러한 협소한 틀을 초월해 있다. 그것이 바로 공인 것이다.

우리 범부는 자신과 관련이 있는 대상에게 제멋대로 어떤 꼬리표를 붙이며 살아가고 있다. 부모는 아이에게 이 아이는 '내 아이'라는 꼬리표를 붙인다. 선생님은 아이에게 '똑똑한 아이' '똑똑하지 못한 아이'라는 꼬리표를, 사회에서는 '유능한 사원' '유능하지 못한 사원'으로 꼬리표를 붙인다. 그리고 자신이 붙인 그 꼬리표에 얽매여 살게 되며, 항상 거기에 구애를 받는다. 우리는 그렇게 부자유한 삶밖에는 살지 못한다. 또는 자신이 만든 그림자를 보고 겁먹은 채 살고 있는 것이다.

《반야심경》이 우리에게 가르쳐주는 것은 그러한 갑갑한 틀을 과감히 벗어던지라는 것이다. 이런 갑갑한 틀을 《반야심경》에서는 '괘애罣礙'라는 말로 표현한다. 그러한 괘애를 없애게 되면, 우리는 보다 자유롭고 넉넉한 삶을 살 수 있다는 것이다. 즉, 우리는 무엇인가에 집착해 있다. 자신이 마음대로 만들어낸 개념에 집착하여, 거기에 붙들려 이러지도 저러지도 못하게 되는 것이다. 그러한 집착을 버리고 자유롭고 넉넉하게, 또한 매인 데 없는 삶을 살라는 것이 바로 《반야심경》의 가르침이며, 이것이 곧 공의 철학이라 할 수 있다.

색과 형상

　불교에 나오는 말 가운데 가장 유명한 것을 하나 들라고 하면, 아마도 많은 사람들이 '색즉시공色卽是空, 공즉시색空卽是色'이라는 《반야심경》의 한 구절을 꼽을 것이다. 《반야심경》은 널리 알려진 경전이며, 그중에서도 이 구절은 너무나도 유명하다. 누구나 한번쯤 들어본 적이 있을 것이다.
　하지만 이 구절의 참된 의미를 제대로 이해하고 있는 사람은 많지 않다.
　'색의 길은 허무하다.'
　그런 정도로 이해하는 사람이 많다. '색'이라고 하면 '영웅호색'이라든가 '색남' '색녀' '색정' 식으로 남녀 사이의 일을 일컫는 말이다. 그것이 '공'이라니, 이들을 합하면 '색의 길은 허무하다'는 의미가 된다.
　하지만 이것은 올바른 해석이 아니다. 불교 용어로서의 '색'은 단순히 색깔의 의미가 아니라 보다 넓은 의미로 쓰여진다. 대부분의 경우 '색'은 '물질'로 번역될 수 있다. 혹은 경우에 따라서 '색과 형상'으로 옮겨야 할 경우도 있으며, '색과 형상을 지닌 것' '존재'가 되는 경우도 있다. '정신과 육체'라는 대비로 생각하면, 정신은 색과 형태를 갖지 않으므로 육체 쪽이 '색'이 된다. 따라서 그 경우에는 '색'은 '육체'의 의미라고 할 수 있다.

 그렇다면 '색즉시공, 공즉시색'을 단순히 색으로만 한정해서 생각해서는 안 되는 것이다. 색도 '공'이지만, 동시에 '형상' 역시 '공'이다. 소변을 담은 컵도 '공'이며, 그렇지 않은 컵도 '공'이다. 존재하는 모든 것은 필경 '공'이며, 인간의 마음이 각기 지어낸 것이 '색'이다. 그것을 일컫는 말이 바로 '색즉시공, 공즉시색'이며, 그리고 그것이 바로《반야심경》의 중심이 되는 가르침이다.

왜 경을 읽는가

'경經'이란 무엇인가? 이 질문에 대해 한마디로 대답한다면, '석가모니불의 말씀'이라고 할 수 있을 것이다 하지만 이 정도의 말로는 부정확하다. 석가모니불이라고 하면, 지금으로부터 2,600년 전 인도에서 활약한 석가세존을 일컫는다. 그리고 세존이라 불린 인물이 실재했음은 분명한 사실이지만, 그 세존의 말이 정말 정확하게 후세에 전해졌는가라고 반문한다면, 그것은 다소 불확실할 수도 있다.

게다가 대승경전에 대해서는 보다 복잡한 문제가 있다. 왜냐하면 대승경전은 세존의 입멸 후 5, 600년 뒤에야 만들어진 것인데, 그 설정이 현재로 되어 있기 때문이다. 따라서 상식적인 의미에서 말한다면, 대승경전은 석가모니불의 말씀을 받아 적은 것이 아니다. 그렇다면 경이란 석가모니불의 말씀이라는 정의에 따르면, 대승경전은 경은 아니라는 이야기가 된다.

지금 여기서 그 문제를 따지자면 이야기가 끝이 없어진다. 따라서 그저 단순하게 옛사람들이 그렇게 믿었던 것처럼, 경이란 석가모니불의 말씀을 기록한 것이라고 해두자.

그렇다면 우리는 과연 무엇 때문에 경을 읽는 것일까? 경을 읽는다고 할 때, 거기에는 여러 가지 경우가 있다. 우선 불사佛事 등에서 스님이 경을 읽는 경우를 생각해보기로 하자.

그것은 하나의 의례이다. 간단히 말해서 그렇게 하기로 약속되어 있는 것이다. 그런데 그러한 의례의 이면에는 중요한 하나의 의미가 포함되어 있다. 그것은 저 세상으로 떠난 이에게 석가모니불의 말씀을 들려주는 일이다.

죽은 이는 생전에 이 세상의 속사俗事에 바빠 휘둘려 사느라 불도 수행을 하지 못했다. 하지만 이제는 저 세상으로 가서 불도 수행에 힘쓰고 있을 터이다. 그래서 죽은 이를 위해 부처의 가르침이 무엇인가를 들려주는 것이다. 아마도 그것이 스님으로 하여금 경을 읽게 하는 기본적인 의미일 것이다. 그리고 그 자리에 함께 참석한 사람도 마찬가지로 석가모니불의 가르침을 경청하는 것이다. 이 경우 주역은 죽은 이이므로 참석자는 방청객이 되겠지만. 스님은 곧 세존을 대신하여 경을 읽어주는 것이다. 따라서 대독代讀이라고 해야 맞을 것이다. 졸업식장 등에서 시장의 축사를 대신 읽는 것과 비슷하다. 시장이 모든 학교에 다 얼굴을 내밀 수가 없으므로 대독을 해야 할 필요가 있는 것이다.

하지만 그것만이 경을 읽는 이유의 전부는 아니다. 그보다 훨씬 중요한 이유가 있다. 그것은 바로 자기 자신을 위해 경을 읽는다는 사실이다. 죽은 이를 위해 독송된 경을 방청하는 것이 아니라, 자신이 주체가 되어 적극적으로 경을 읽는 것이다.

대부분의 종파에서 경을 독송하기 전에는 〈개경게開經偈〉를 낭송하게 되어 있다.

〈개경게〉의 내용은 다음과 같다.

無上甚深微妙法	가장 높고 미묘하며 깊고 깊은 부처님 법
百千萬劫難遭遇	백천만겁 지나도록 만나뵙기 어려워라
我今見聞得受持	저는 이제 다행히도 보고 듣고 지니오니
願解如來眞實義	부처님의 진실한 뜻 알기를 원합니다.

석가모니불의 가르침은 심원한 최고의 진리를 담고 있다. 그러한 가르침을 만날 기회란 그리 쉽지가 않다. '백천만겁'의 '겁'이란 불교에서 말하는 천문학적인 시간의 단위이다. 그처럼 다시없을 기회를 만나서 나는 그 가르침―경―을 들을 수가 있고, 그것을 간직할 수가 있는 것이다. 따라서 우리는 여래(석가모니여래)의 가르침의 진정한 의미를 이해하기를 진심으로 바라는 것이다. 이것이 바로 〈개경게〉의 참된 의미이다. 이 〈개경게〉를 지은 사람이 누구인지는 알려져 있지 않으나, 바로 여기에 우리가 경을 읽는 의미가 잘 나타나 있다고 하겠다.

'부처님의 진실한 뜻 알기를 원합니다'란 불교의 깊은 뜻을 이해하고자 하는 결의이다. 그리고 그것이 바로 경을 읽는 목적인 셈이다.

남자가 있기에 여자가 있다

 연기설緣起說은 각도를 달리해서 생각해보면, 개념의 상호의존성을 말한 것이라고도 할 수 있다. 예를 들어 '길다'는 개념에 대해서 생각해보자. 내 옆에 지금 40~50cm쯤 되는 파리채 하나가 있다. 이 파리채는 일반적인 의미로 '길다'고 표현될 수 있다. 하지만 누군가가 그 옆에 1m짜리 긴 막대기 하나를 가져온다면, 그 순간에 이 파리채는 '짧아'진다. 그리고 이 짧은 파리채에 비해서 1m짜리 막대기는 긴 것이 되며, 거기에 다시 2m짜리 막대기가 놓인다면, 그것 역시 짧은 것이 되고 만다. 이처럼 길다-짧다는 모두 상대적인 것이며, 절대적으로 긴 것은 존재하지 않는다. 그것이 바로 연기 철학의 주장이다.
 '남자'와 '여자'의 관계에 있어서도 마찬가지이다. 남자가 있기에 여자가 있는 것이다. 그리고 여자가 있기에 남자가 있는 것이다. 남자가 없으면 여자도 없으며, 반대로 여자가 없으면 남자도 없다.
 이것은 다음과 같이 생각해볼 수 있다.

1. 이것이 있으면, 저것도 있다.
2. 저것이 없으면, 이것도 없다.

그럼에도 불구하고 우리는 그런 간단히 이치를 망각하고 남자(또는 여자)를 절대적인 것이라 믿어버리고, 그 사실에 집착해서 살고 있다. 참으로 바보스러운 일이 아닌가.

사실대로 말한다면 남자도 여자도 없다. 그저 인간이 있을 뿐이다. 인간을 그저 편의적으로 남자와 여자로 구분한 것뿐이므로, 언제까지고 거기에 얽매인다면 그 또한 우스운 일이다. 무엇인가에 얽매여 있으면 어느새 가장 중요한 것을 잊어버리기 일쑤이다.

남자가 없으면 여자도 없다. 있는 것은 인간뿐이다— 그렇게 말했지만, 사실 더 깊이 말하면 그 '인간' 또한 없는 것이다. 우리는 그저 우리의 편의를 위해 인간을 '야수'와 구별하고 있는 것뿐이다. 하지만 때로는 야수보다 더 지독한 인간도 없지 않다. 그럴 때는 차라리 구별이 없는 편이 나을지도 모른다. 야수와 같은 인간을 인간이라 여겼다가 험한 일을 당할 수도 있기 때문이다.

우리는 꽃에 날아드는 나비를 보고 아름답다고 생각한다. 반면 부엌에 출몰하는 바퀴벌레를 보고는 미간을 찌푸린다. 하지만 곤충 그 자체에는 익충도 해충도 없다. 그것은 바라보는 쪽에서 마음대로 붙인 차별에 지나지 않는다. 자신이 만든 차별에 얽매여서, 거기서 벗어나지 못하는 것이 우리 범부들이다.

독자 중에는 이 이야기를 들으면서 《반야심경》의 한 구절인 '불구부정不垢不淨'을 떠올리는 사람도 있을 것이다. 바로 나비와 바퀴벌레의 비유로 딱 맞아떨어지게 설명된다. '깨끗하다' '더럽다'는 인간이 마음대로 정해 놓은 그저 하나의 개념에 지나지 않는다.

심무괘애 心無罣礙

《반야심경》 가운데 '심무괘애心無罣礙'라는 말이 있다. 나는 이것을 '마음에 막힘이 없다'로 번역해보았다. 우리 범부의 마음은 늘 어딘가에 얽매여 있다. 슬픈 일이 있으면 슬픔에 마음을 빼앗기고, 근심이 있으면 그 근심거리에 온통 마음을 빼앗긴다. 그러면서 자나깨나 그 생각에 붙들려 있다.

여러분 가운데는 혹시 이런 경험을 해본 사람이 있을지도 모른다. 어떤 사람을 너무도 미워한 나머지, 밤새도록 잠자리에서 미운 그 사람의 얼굴이 떠올라 한숨도 자지 못하고 긴 밤을 지새웠던 일이. 마음이 끈질기게 그 관념에 붙들려 있는 것이다.

'괘애'의 '괘'는 '그물'을, '애'는 '방해한다'는 의미이다. 돌의 방해로 발이 걸린다는 말이라고 한다. 우리의 마음이 그물에 걸려 괴로워하고, 커다란 돌부리에 채인 상태. 범부의 마음에는 늘상 그러한 얽매임이 있다.

하지만 '공'의 입장에 선다는 것은 슬픔을 부정하고 근심을 무시하라는 것이 아니다. 그것은 위장된 평화일 뿐이다. 위장된 평화라도 없는 것보다는 나을지 모르지만, 불교의 가르침은 그것과는 다르다. 불교는 오히려 슬픔은 슬픔대로, 근심은 근심대로 거기에 얽매이지 말고 있는 그대로 바라보라고 가르친다.

이해하기가 쉽지 않다면, 이렇게 한번 생각해보면 어떨까. 밤에도 잠을 이룰 수 없을 정도의 아주 큰 걱정거리가 있다고 하자. 하지만 아무리 큰 걱정거리일지라도 어느 정도의 시간이 지나면 잊혀지게 마련이다. 시간이란 참으로 위대한 해결사이다. 얼마쯤의 시간이 지나면, 대부분의 일들은 자신도 모르는 사이에 마음에서 가라앉게 된다.

하지만 그렇다고 걱정거리가 완전히 없어지는 것은 아니다. 그저 잊을 수 있게 된 것뿐이다. 또는 시간의 원근술遠近術 덕분에 어느새 의식의 표면에서 축소된 것뿐이다.

그것이 바로 '공'이다!

지금 커다란 근심거리의 한복판에 있으면서, 마음은 10년 뒤의 상대에 놓아둘 수가 있다면…. 즉, 지금 근심에 휩싸인 마음을 자유롭게 해방시켜주는 것이다! 10년 뒤의 입장에 마음을 놓아둘 수만 있다면 마음의 얽매임이 사라지게 된다. 마음이 매인 데 없이 자유로워지는 것, 그것이 바로 공이다. 그것은 곧 근심을 근심으로. 오직 있는 그대로 바라보는 해결법인 것이다.

의반야바라밀다고依般若波羅密多故 심무괘애心無罣礙. 반야바라밀다에 의지하는 까닭에 마음에 막힘이 없다. 참으로 멋진 말이 아닌가.

배를 멈추게 하라

어느 책에선가 다음과 같은 이야기를 읽은 적이 있다.

스님 몇 분이 선방에 모여 이야기꽃을 피우고 있었다.

창 밖으로는 멀리 바다가 바라다보이고, 범선 한 척이 파도를 따라 흔들리고 있었다. 그 광경을 바라보던 한 스님이 공안을 냈다.

"누가 저 배를 멈추게 해보시지요."

그러자 한 스님이 그에 대한 답으로 얼른 눈을 감아보였다. 과연, 눈을 감아버리면 그것은 공이다. 공의 세계에서 배는 더 이상 존재하지 않는다.

'시고공중무색 무수상행식 무안이비설신의 무색성향미촉법 무안계 내지무의식계 是故空中無色 無受想行識 無眼耳鼻舌身意 無色聲香味觸法 無眼界 乃至無意識界.'

즉, 존재하지 않는 배가 파도에 흔들릴 리 없다. 멋지게 배를 멈추게 한 것이다.

그러자 다른 한 스님이 벌떡 일어나더니 얼른 창문을 닫아버렸다. 대상을 눈앞에서 지워버린 것이다. 이 역시 공이다. 분명 이로써 배도 멈춰 있다.

"과연 멋진 대답들이다. 하지만 나라면…."

내가 읽은 책의 저자는 그렇게 이야기를 이어가고 있었다. 나도 그와 생각이 같았다. 아마도 염불자의 입장에서 이 공안에 도전한 것이라 할 수 있겠다.

그의 이야기는 이렇게 이어지고 있었다.

"나라면 눈을 감거나 창문을 닫아버리거나 하지 않겠다. 나라면 내 마음을 배와 일치시키겠다. 즉, 나도 배와 함께 위아래로 오르락내리락거리는 것이다. 그렇게 하면 배도 멈춰 있게 된다."

참으로 멋진 대답이 아닌가!

이 역시 공이다. 나는 이것이 바로 보는 자와 보여지는 자의 분리 대립이 없어진 상태라고 생각한다. 거기에는 일체의 차별이 없다. 이것이야말로 '색즉시공 공즉시색'인 것이다.

이렇게 보면 공에는 참으로 여러 방식이 있다. 이것이 공이라고 한 가지 방식에만 집착하는 것 또한 공을 잘못 이해하는 것이리라. 그와 같이 공에 지나치게 집착하는 태도야말로 《반야심경》이 가장 경계하는 점일 것이다.

즉, 공이란 철저한 자유이다. 최고의 자유인 것이다.

방편, 진리에 이르기 위한 발걸음

나는 지금 기억의 밑바닥을 열심히 뒤적여보고 있는 중인데, 그것이 누구의 말인지 도무지 생각이 나지 않는다. 어쩌면 근대물리학의 창시자인 뉴턴이었는지도 모른다. 어쨌든 한 과학자의 책에서 다음과 같은 인상 깊은 구절을 발견한 적이 있다.

"인간이 진리를 붙잡을 수는 없다." 그러면서 그는 이렇게 덧붙이고 있다. "하지만 인간은 무한히 진리에 다가갈 수가 있다."

참으로 멋진 말이며, 근대과학의 존재양식을 적절히 표현한 말이라고 생각한다. 근대과학에 있어서의 진리 탐구란 이른바 점근선漸近線과도 같다. 점근선이란 어떤 곡선이 하나의 정직선定直線에 무한히 접근해가지만, 절대 그 정직선과 교차하는 일이 없을 때, 이 정직선을 점근선이라고 한다. 즉, 진리를 하나의 정직선이라고 할 때, 인간의 노력은 점근선이라는 이야기이다. 과학의 진보는 곡선이며, 어제보다는 오늘이, 오늘보다는 내일이 진리에 한 걸음 더 다가서고 있는 것이다. 바로 그러한 발걸음이야말로 과학의 발전이며, 또한 이러한 발전 없이는 과학도 존립할 수 없다.

나는 이러한 생각을 불교에 적용해보고 싶어졌다. 한걸음 한걸음 나아가는 가운데 진리가 있으며, 또한 진실이 있다는 생각은 불교에도 얼마든지 적용해볼 수 있는 것이다.

사막을 걷는 대상의 비유가 바로 그렇다. 이 이야기의 근간은 한걸음 한걸음 '보물섬'을 향해 다가가고 있는 것이며, 바로 그런 지극한 태도에 대한 상찬인 것이다. 여기서 보물섬이란 바로 깨달음이며, 이 이야기는 그것을 목표한 불도 수행자들의 참된 모습을 우리에게 가르치는 것이다.

우리는 그저 평범한 사람일 뿐이다. 범부에 불과한 우리에게는 최종적인 깨달음에 도달하는 것이 어쩌면 불가능할지도 모른다. 그렇지만 그것을 한탄할 필요는 없다. 설령 최종적인 깨달음에 도달하지 못한다고 하더라도 우리는 그 깨달음에 무한히 다가갈 수는 있으니까 말이다. 한발 한발 앞으로 나아가는 것이다. 범부에게 있어서의 불도 수행은 그러한 의미에서 깨달음이라는 접근선을 목표한 곡선인 것이다. 나의 생각은 그렇다. 한걸음 한걸음 다가가는 일, 그 가운데 진리가 있으며 깨달음이 있다.

불교에는 '방편方便'이라는 말이 있다.

방편은 산스크리트 어 '우파야'를 번역한 것이며, 우파야는 '다가가다' '도달하다'는 뜻이다. 우리가 진리에 도달하기 위해 내딛는 발걸음, 그리고 불도 수행을 위한 한걸음 한걸음이 곧 방편이다. 그것이 방편의 본래 의미이다.

물론 범부에게는 휴식도 필요하다. 또는 불도 수행의 오랜 여정에서 앞 날이 너무나 요원하게 느껴질 때, 도중의 어느 지점에선가 잠시 쉴 수도 있을 것이다. 하지만 그러한 휴식은 결코 후퇴가 아니며, 일시적인 안정이 궁극의 안주도 아니다. 따라서 우리는 다시 힘을 내어 앞으로 나아가야 한다. 그러한 발걸음을 계속하는 가운데 불도의 일체의 진실이 있다. 그리고 그것이 바로 방편이 의미하는 바이다.

따라서 우리는 이렇게 말해야 한다. "방편이야말로 진실"이라고.

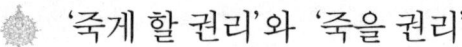 '죽게 할 권리'와 '죽을 권리'

어느 날 아들과 딸이 어느 쪽이 옳은 것이냐며 고개를 갸우뚱거리고 있었다. 문제는 신문에 실린 기사 때문이었는데, 여러분도 같이 생각해보기를 바란다.

'죽게 할 권리 인정하다' —미국 인디애나 주 블루밍턴에서 생후 1주일 된 다운증후군 아기에게서 '살 권리'를 박탈하는 것을 주 최고재판소가 인정하자, 주민들의 비난이 쇄도했으며, 이와 같은 결정을 둘러싼 논의가 들끓고 있다.(마이니치 신문)

'난치병 영아 죽게 할 권리' —미국 인디애나 주 블루밍턴의 한 병원에서 사경을 헤매고 있는 중증 다운증후군 영아의 운명을 수많은 사람들이 긴장한 채 주시하고 있다. 그대로 죽게 두자는 부모, 이를 지지한 주 최고재판소. 죽게 해서는 안 된다고 연방 최고재판소에 긴급 상고한 검사…(아사히 신문)

'영아에게 죽을 권리를 인정하다' —중증 다운증후군이라 판정된 생후 1주일 된 사내아이에게 '죽을 권리'를 인정하는 판결이 인디애나 주 최고재판소에서 내려져, 미국 사회에 큰 충격을 주고 있다. 이 판결을 토대로 부모와 아기가 입원해 있는 병원측은 15일부터 예정되어 있던 수술을 중지하고, 수유와 영양 공급도 중단, 아기가 죽기를 기다리고 있다. 그러나 이 같은 판결에 검찰당국이 반발, 미 최고재판소에 특별 상고했으며….(요미우리 신문)

위에 인용된 신문기사를 둘러싸고, 중학교 3학년과 1학년인 딸과 아들이 열띤 토론을 벌이고 있었다. 즉, 〈마이니치〉와 〈아사히〉는 '죽게 할 권리', 〈요미우리〉는 '죽을 권리'라고 각각 적고 있는데, 어느 쪽이 맞느냐는 것이다. 하지만 아기 스스로 '죽을 마음'이 있는 것은 아니므로, 〈요미우리〉의 '죽을 권리'는 다소 무리가 있지 않느냐는 것이 아이들의 결론인 듯싶었다.

"아빠는 어떻게 생각하세요?"

아이들의 물음에 나도 그렇게 생각한다고 말해주었다. 하지만 두 신문의 '죽게 할 권리' 역시 안락사와 마찬가지로 아기가 죽고 싶어하는 것을 허용해준다는 식으로 읽힌다. 차라리 그럴 바에야 보다 분명하게 '죽일 권리'라고 쓰는 것이 낫지 않을까?

"그러니까 더 정확하게 말하자면, 아빠 생각에는 세 신문 모두 틀렸다고 봐. 이럴 땐 '죽일 권리'라고 해야지."

그렇게 대답해주었다. 그러자 아이들은 아무튼 우리 아빠는… 하는 표정을 지었다.

그렇게 대답하기는 했지만 여전히 석연치 않은 점이 있었다. 나는 미국의 재판소가 그런 판결을 내린 이면에는 기독교적 사고방식이 자리하고 있다는 생각이 들었다.

그렇다면 불교도인 나는 이 문제를 어떻게 받아들이는 것이 좋을까? 기사가 나온 다음날 아기의 사망소식이 들려왔다.

기독교적인 사고방식에서는 자식에 대한 부모의 권리(동시에 의무이기도 하지만)가 매우 크다. 자식은 이른바 동물적 단계, 비인간적인 단계에 있으며, 좀처럼 하나의 인격을 지닌 존재로 인정받지 못한다. 그리고 이러한 저차원의 존재를 훌륭한 인간으로 키우는 것이 부모의 역할이다. 따라서 부모는 그만큼 자식에 대해 권리를 지니고 있는 셈이다. 이러한 점이 불교적 사고와 매우 큰 차이를 보인다. 불교의 경우에는 자식일지라도 하나의 생명을 지닌 존재라는 점에서는 어른과 크게 다를 바가 없다. 심지어 동물조차도 생명을 지녔다는 점에서는 인간과 동격이라고 할 수 있다.

그리고 또 하나가 있다. 기독교의 경우, 어린 자식의 죽음은 어떤 의미에서는 축복받아 마땅한 것이기도 하다.

"…갓 태어난 아기가 죽는 슬픈 예도 얼마든지 알고 있다. 죄 없는 갓난아기는 그대로 천국으로 맞아들여진다는 것이 카톨릭 교회의 입장이며, 갓난아기의 장례식은 죽음을 애도하기보다는 곧바로 신의 품으로 돌아간 기뻠을 강조하는 관습이 있다."

S. 피나텔리 신부는 《그리스도교의 상식》이라는 책에서 이렇게 적고 있다. 그 갓난아기의 '죽음'이 결정된 배경에는 기독교의 이러한 사고방식이 작용했다고도 볼 수 있다.

아니, 그렇게 본다면 갓난아기뿐만 아니라, 죽음 그 자체에 대한 의미부여에 있어서도 불교와는 전혀 다르다. 기독교에서는 어른의 죽음일지라도 죽음이란 천국에 들어가는 일이다. 천국은 평화의 세계이며, 기독교인은 그곳에 들어가는 것이 인생의 목적이기도 하다. 비난을 각오하고 극단적으로 말한다면, 천국에 들어갈 수만 있다면 이 세상의 삶 따위는 아무래도 상관없는 것이다. 이 세상에서의 삶은 기껏해야 50년에서 100년, 그에 비해 천국은 영원한 세계가 아닌가.

하지만 불교에서는 그렇지가 않다. 여기서 그것에 대해 상세히 설명할 생각은 아니지만, 윤회적 생존을 전제로 한 불교의 사고법은 이 세상에서의 최대한의 노력을 강조하고 있다. 내세에는 다른 생물이 될지도 모를 일이니, 인간으로서 살 수 있는 것은 오직 이 세상뿐이다— 그렇게 여기는 것이 좋을 것이다. 아니, 불교도로서는 그렇게 생각해야 마땅하다.

한 아기의 죽음으로 인해 불교와 기독교의 사고방식의 차이를 확연히 깨닫게 되었다.

자비는 무한하다

대승불교의 근본사상은 '공'의 철학이다. 공의 철학. 왠지 어려울 것 같다며 처음부터 무조건 밀어내지 않았으면 한다.

공이란 얽매이지 않는 것, 단지 그것뿐이다. 어떤 것에도 구애되지 말라, 집착하지 말라는 가르침이 공이므로, 무척 간단한 이야기라고 할 수 있다. 대승불교의 사고법은 그것만 알면 저절로 분명해진다.

우리는 쓸데없이 사물을 차별(구별)하고, 그러한 차별에 얽매여 산다. 잡초와 화초를 차별하는 것도 같은 이치이다.

자기 자식과 남의 자식을 구별하는 것도 마찬가지이다. 초등학교 운동회에 가보면 아이들은 모두 너나 할 것 없이 최선을 다해 열심히 한다. 그럼에도 부모들은 거기에 차별을 들이대면서, "쟤가 내 아이" "저 아인 못쓰겠는걸. 왜 저렇게 난폭하게 구는 거야. 저 애가 우리 애를 자주 못살게 군다니까…"라는 식으로 편을 가른다.

부모의 애정이란 본래 차별에 뿌리를 두고 있다. 내 자식을 사랑한다는 것 안에는 어느새 내 아이와 남의 아이를 구별하는 마음이 들어 있다. 범부의 애정은, 사실을 말하자면 번뇌인 것이다.

하지만 부처의 애정은 다르다. 부처에게는 그러한 차별의 마음이 없다. 모든 중생을 평등하게 보고 계신다. 그러한 부처의 마음을 자비라고 한다. 부처의 자비는 무한하며, 차별이 없다. 그것은 부처가 공의 입장에서 중생을 보고 계시기 때문이다. 대승불교의 궁극은 이러한 공의 철학에 있다. 그리고 거기서 본다면 재가니 출가니 하는 구별도 없어진다. 누구나 구원받는다ㅡ 그것이 대승불교의 기본적 사고이다.

깨달음이란 있는 그대로를 보는 것

"아, 또 그러고 말았네…." 그럴 때마다 나는 회한에 가까운 기분에 휩싸인다. 여기서 그럴 때마다란 빨간 신호등이 켜져 있어도 차가 보이지 않으면 길을 건너는 나에게 아들이 주의를 환기시켜주는 순간을 말한다. 그러면 나는 "그래, 사실은 건너서는 안 되는 거지. 하지만 괜찮아…"라며 얼버무린다.

참으로 아버지답지 못한 대답이다. 또는 발로 문을 여닫거나 할 때, 비난의 눈길로 쳐다보는 딸에게 "그래, 사실은 이러면 안 돼" 하며 변명을 한다. '사실은'이라고 말하는 순간, 이미 후회는 시작된다. 아마도 아이들은 어른들의 이런 제멋대로의 방식과 세상의 때를 묻히게 되면서 순수한 마음을 점차 잃게 될 것이다. 흰 손수건도 언젠가는 때가 묻기 마련이다. 그것이 어른이 되는 과정이며, 또한 '성장'이기도 하다.

그렇다고 아이들을 순진무구한 동심의 상태로 묶어두고 싶다는 말은 아니다. 그것은 애당초 불가능한 일일뿐더러, 20세나 30세가 되어서까지 의

심이나 회의를 모른다는 것 역시 문제일 것이다. 요즘 세상에 그런 존재는 괴짜 취급만 받을 것이다.

어른이란 상처받고 더럽혀지면서 살아가는 것이다. 고민하고 괴로워하고 신음하며 살아가는 것이 인간이다. 슬픈 일이지만, 그것이 거짓 없는 진실이다. 따라서 아이들도 언젠가는 동심을 잃어버릴 수밖에 없다. 동심과 치기를 버리고, 번뇌를 지닌 어른으로 변모해가지 않으면 안 된다. 말하자면 그것이 인간으로서의 숙명인 셈이다.

불교에서 말하는 깨달음은 그 다음 일이다. 깨달음이란 여실지견을 말한다. 별스럽게 사물의 이치를 깨달으라는 것이 아니다. 있는 그대로 알고 보는 것, 그것이 바로 깨달음이다.

우리의 눈은 번뇌로 인해 흐려져 있다. 공포와 분노, 욕망, 바람… 그런 번뇌의 색안경을 쓰고 세상을 보고 있다. 그렇기에 공포에 질린 눈은 억새풀을 유령이라 착각하고, 욕망에 물든 눈으로 바라본 세상은 추하게 일그러져 있는 것이다. 출세를 갈망한 나머지 때로는 동료를 짓밟고 타인을 제물로 삼아 뜻을 이루려는 자도 있다. 그 모든 것이 우리 마음속에 있는 번뇌 때문이다.

그러한 욕망이나 집착, 번뇌를 모두 버리고 맑은 눈으로 세상을 볼 수 있다면, 세상은 지금 있는 그대로 아름답다. 그리고 그 아름다운 세상을 아름답게 볼 수 있는 마음이 바로 깨달음인 것이다.

말하자면 깨달은 마음이란 곧 '무심'이다. 일단은 번뇌에 물든 마음이

239

번뇌를 지니면서 다시 무심해질 수 있다. 바로 여기에 불교의 깨달음이 있다. 그렇다면 깨달음의 마음인 무심과, 더러움을 모르는 순진무구한 동심과는 차이가 있을 것이다. 그리고 아이들의 마음 역시 한번은 번뇌로 인해 더럽혀지지 않을 수 없다. 슬픈 일이지만 말이다.

아, 지장보살이시여!

아, 지장님이시여.

왠지 이렇게 불러보고 싶어진다. 지장님에게는 지장보살이라는 정식 명칭이 있지만, 그렇게 격식을 차린 호칭보다는 지장님이 가장 잘 어울릴 듯하다.

잠깐 지장님에 대한 소개를 해야 할 것 같다. 그러려면 먼저 지장보살이 누구인지를 살펴보는 것이 순서일 것이다.

우선 '보살'이란 무엇인지부터 살펴보자. 보살이란 단적으로 말해서 '부처에 준하는 존재'이다.

'준하다'는 것은 '어떤 본보기에 비추어 그대로 좇다'는 의미이다. 따라서 '부처를 좇는 존재, 부처와 대체로 같게 취급되는 존재'가 보살이다.

본래 보살은 성도成道 이전의 세존을 부르는 말이다. 세존은 35세 때 부다가야의 보리수 아래서 깨달음을 얻어 부처가 되셨는데, 그 이전의 세존은 '부처'가 아니었다. 그 '부처 되기 이전'의 세존을 부르는 말로 보살이라는 말이 쓰였다. 그것이 보살의 가장 근원적인 의미이다. 단, 주의해야 할 점은 '부처 되기 이전'이라고 해도, 단순히 출생에서 34세까지의 세존을 말하는 것은 아니다. 불교는 윤회전생을 전제로 하므로, 당연히 전생도 포함되어야 한다. 전생의 세존 역시 보살이었음이 분명하다.

우리 범부 또한 보살이라는 주장도 있다. 언젠가는 우리도 부처가 될 수 있다. 그렇다면 지금의 우리는 부처가 되기 이전 단계(전생)에 있는 셈이다. 그렇기에 우리는 보살의 단계, 즉 부처에 준하는 단계에 있으며, 따라서 스스로를 보살이라 불러도 무방하다고 할 수 있다. 하지만 지장보살이 보살인 까닭은 그것과는 다소 의미가 다르다. 지장보살은 단계가 다소 높은 보살이다.

그렇다면 지장님은 왜 부처가 되려 하지 않았을까?

그것은 부처가 되면 곤란한 일이 생기기 때문이다. 곤란한 일이란 바로 부처도 '할 수 없는 일'이다. 이러한 사실은 우리에게는 다소 의외인데, 남북조시대의 선승인 몽창소석夢窓疎石은 《몽중문답夢中問答》에서 다음과 같이 지적하고 있다.

"부처는 일체의 일에 모두 자재自在를 얻었으나, 그중 삼불능이란 것이 있나니. 첫번째는 인연 없는 중생을 제도하기 어려운 것, 두 번째는 중생계를 다할 수 없는 것, 세 번째는 정업定業을 바꿀 수 없는 것. 정업이란 전생의 선악의 업인에 의해 감득하는 선악의 업보이다. 그러한 결정된 업보는 불보살의 힘으로도 바꿀 수 없다. 형용形容의 연추姸醜, 복덕福德의 대소, 수

명의 장단, 종성種姓의 귀천, 이러한 것은 모두 전생의 업인에 따른 정업이니라."

부처에게는 3가지 불가능한 일이 있다. 그중 세 번째의 '정업을 바꾸는 일'은 부처뿐만 아니라 보살에게도 불가능한 일이다. 예를 들어, 추녀로 태어난 자를 미녀로 만드는 일은 부처에게도 보살에게도 가능하지 않다. 왜냐하면 이는 전생의 숙업에 따른 것이기 때문이다. 하지만 '인연 없는 중생을 제도하는 일'과 '중생계를 다하는 일'은 부처에게는 불가능한 일일지라도, 보살에게는 가능한 일이다. 몽창국사는 그렇게 말씀하고 계신 것이다.

부처가 할 수 없는 일을 왜 보살은 할 수 있을까?

이유는 간단하다. 부처는 이 세상에 계시지 않기 때문이다. 예를 들어, 아미타불은 서방 십만억토(이승과 극락정토 사이에 있는 불토—옮긴이)의 저쪽 극락세계에 있다. 그리고 '나무아미타불'이라 칭한 중생—그러한 '인연'을 만든 중생—밖에 구할 수 없는 것이다.

아미타불뿐만 아니라 다른 어떤 부처일지라도 이것은 마찬가지이다. 부처는 인연이 없는 사람을 구제할 수가 없다. 그러한 점에서는 석가모니불도 마찬가지이다. 석가모니불도 이 사바세계로부터 모습을 감춘 부처이기 때문이다.

그러나 보살이라면 인연 없는 중생을 구제할 수가 있다. 보살은 지금 이 사바세계에서 활약하고 있기 때문이다. 먼 진리의 세계로 사라진 부처에게는 불가능한 일―중생 구제―을 하기 위해, 일부러 이 사바세계에 머물러 계신 이가 보살이다. 관음보살이나 지장보살, 허공장보살 등은 모두 그러한 보살이다.

보살은 '부처에 준하는 존재'이다. 부처와 거의 동일한 실력을 지니고, 다음 생애에는 부처가 되는 것이 예정되어 있는 존재들이다. 그러나 지장보살은 예외이다. 지장보살은 영원히 부처가 되지 않기 때문이다. 그렇다면 우리의 지장님은 '부처에 준하는 존재'가 아니다.

두 사람의 국왕이 있는데, 한 사람이 먼저 부처가 되는 길을 가고, 또 한 사람이 뒤를 따라가는 것이라면 '준하는 것'일지도 모른다. 하지만 지장님은 결코 그 뒤를 좇지 않고 다른 길로 가신 것이다.

그리고 지장님은 지장님인 상태로 '완성'되어 있다. 지장님은 지장님이 되는 것이 목적이며, 그것이 완성이었던 것이다. 지장님은 지장님인 채로 완성되어 있다. 그 완성된 존재를 부처라고 한다면, 지장님은 그대로 부처가 아닐까. 그렇기에 지장님의 존상尊像은 보살형(菩薩形, 재가자의 모습)이 아닌 성문형(聲聞形, 불제자형)으로 조상造像되어 있다. 즉, 보살은 부처가 아니기에 어디까지나 보살답게 보살형으로 만들어진다. 하지만 지장님은 그 자체로 부처이기에 부처와 마찬가지로 성문형으로 조상되는 것이다. 그것이 머리는 둥글고, 석장을 손에 든 친근한 지장상의 모습을 하고 있는 것이라 생각한다. 그렇게 생각하면 여러 보살 가운데 지장보살만이 성문형으로 조상되어 있는 까닭을 쉽게 이해할 수 있다.

즉, 지장님은 무불無佛 시대의 특이한 '부처'인 것이다. 영원히 '성불'하지 않고, 우리 중생과 함께 고뇌하는 특별한 부처인 것이다.

'지장님은 성불하지 않는 부처이다.'

'지장님은 고뇌하는 부처이다.'

이렇게 정의하면, 지장님이 어떤 분인지를 잘 이해할 수 있을 것이다.

그리고 이 부처는 우리 중생의 가장 고뇌스러운 곳에 나타난다. 그것은 바로 지옥의 세계이다.

앞서 말했듯이, '육도능화의 지장존'이라는 호칭이 나타내는 것처럼, 지장님의 활동범위는 지옥, 아귀, 축생, 수라, 인간, 천계의 6도 모두에 걸쳐 있다. 그중에서도 가장 고뇌스러운 곳이 지옥이나 아귀의 세계이며, 그곳이 지장님의 주 활동무대이다. 그렇기에 지옥이나 아귀 세계의 중심인 염라대왕까지도, 후세에 들어 지장보살의 분신이라 여겨지게 된 것이다.

그리고 또 하나, 지장님은 아이들의 부처님이다. 지장님과 아이들의 관계는 부모보다 먼저 죽은 아이들을 구하는 데서 시작되었을 것이다. 불교에서는 부모보다 먼저 죽은 아이들은 죄가 많은 것으로 여겨진다. 아이의 죽음은 부모의 단장을 끊어놓는다. 그것은 바로 그 아이의 죄인 것이다. 그렇기에 불교에서는 부모보다 먼저 죽은 아이는 지옥에 떨어진다고 여겨진다. 하지만 괜찮다. 그런 아이들도 지장님이 보살펴주신다.

《지장화찬地啐和讚》에 "오늘 이후로는 나를 명부의 부모라 여길지어다"라고 되어 있는 것처럼, 죄 많은 아이들도 지장님이 구해주시는 것이다. 왜냐하면 그것이 지장님의 서원이기 때문이다. 지장님은 죄 많은 중생을 불도로 이끌기 위해 이 6도 세계에 머물러 계시는 것이다.

  지장님은 그런 부처이시다. 매우 특별한 보살인 것이다.

정토를 믿는다

지금 누군가 나에게 "지옥과 극락이 있습니까?"라고 묻는다면, 나는 가슴을 쭉 펴고 "있지요, 있고 말고요. 없으면 안 되지요"라고 대답할 것이다. 그렇게 대답하는 것이 불교도로서의 책무라 믿기 때문이다.

나는 스스로에게 대체 불교도란 어떤 사람인가 하고 자문해본다. 그리고 불교도란 정토의 실재를 믿는 사람이라고 자답해본다. 정토를 믿지 않고서 어떻게 불교도라 할 수 있겠는가?

믿는다는 것은 우리가 범부이기 때문이다. 깨달음을 얻은 사람의 맑은 눈으로 본다면, 정토가 또렷이 보일 것이다. 하지만 범부의 흐린 눈에는 정토가 보이지 않는다. 오히려 그는 자신의 눈이 번뇌로 흐려져 있다는 것은 생각지도 않고, 정토라는 게 어디 있겠어, 지옥이니 극락이니 하는 사후세계는 존재하지 않으며, 그것에 대해 논의한다는 것 자체가 비과학적인 태도라는 식으로 얼버무린다. 하지만 그것은 그렇지가 않다.

우리는 자신의 눈으로 정토를 분명하게 볼 수 있어야 한다. 하지만 범부인 우리에게는 결코 쉽지 않다. 그렇다면 적어도 정토를 믿기라도 해야 한다. 그것이 불교도로서의 올바른 자세이다.

그럼 어떻게 하면 그것을 믿을 수 있을까? 불교란 전체로서 커다란 체계의 가르침이다. 그러한 체계적인 불교를 한걸음 한걸음 걸어가며 따르는 수밖에 없다. 착실하게 걸어가는 중에 저절로 정토의 실재를 믿을 수 있게 될 것이다.

하루하루의 삶 속에서 다른 사람을 험담하는 사람, 교육 때문이라는 이유로 부처님의 아이인 아동, 청소년 등에게 체벌의 폭력을 휘두르는 사람은 정토를 믿기 어려울 것이다. 그들에게는 지옥밖에는 보이지 않는다. 자신의 눈에는 지옥밖에 보이지 않기에, 거꾸로 학생들에게서 폭력의 지옥을 이끌어내게 되는 것이다. 불교도 중에 전쟁을 긍정하는 사람은 없을 것이라 생각되지만, 만약 있다면 그 사람에게는 지옥밖에는 믿음이 가지 않을 것이다.

섹스 역시 마찬가지이다. 섹스에 미친 눈으로 바라본다면, 이 세상은 지옥이 된다. 정토를 보기 위해서는 혹은 믿기 위해서는 맑은 눈이 필요하다.

물론 범부인 우리로서는 그런 맑은 눈을 갖기가 쉽지 않을지도 모른다. 타인에게 관대하고, 남에게 폐를 끼치지 않고 살아가기란 거의 불가능하다. 그런 절망적인 외침을 내지르고 싶어진다.

아니, 그것은 그것으로 족하다. 범부가 성인처럼 행동할 수는 없다. 범부는 범부로 족한 것이다.

범부에게는 참회의 길이 있다. 참회란 이 세상에서 악을 행하지 않고는 살아갈 수 없는 범부로서의 절망을 자각하는 일이다. 이 세상에서의 삶이 악과 깊게 연관되어 있음을 자각한다면, 자연스레 정토를 믿을 수 있게 된다. 절망이 크면 클수록 믿는 힘도 커질 것이다.

정토는 믿는 것이다.

매우 평범한 결론이다. 나는 이제야 이런 평범한 결론에 다다를 수 있었다. 그리고 그것을 믿기 위해서는 염불에 의한 길도 있을 것이며, 참선에 의한 길도 있을 것이다. 내 경우는 염불이다. 나는 지금 분명하게 "염불을 외움으로써 우리는 정토를 믿을 수가 있다"고 단언할 수 있는 것이다.

대기설법의 달인 세존

이것은 그 유명한 기원정사에서 있었던 일이다.
마룬쿠야라는 이름을 가진 한 청년이 있었다.
어느 날 그는 기원정사에 계시던 세존을 찾아와 이렇게 물었다.
"세존이시여, 이 우주는 유한합니까, 무한합니까? 육체와 영혼은 하나입니까, 별개의 것입니까? 인간은 사후에도 존속되는 존재입니까? 이러한 질문에 대한 답을 얻을 수 없다면, 저는 이제 불교 교단을 떠날 생각입니다."
불교를 처음 연 세존께서는 대기설법對機說法의 달인이셨다. 대기설법이란 가르침을 받는 상대의 성격이나 능력에 맞춰, 거기에 걸맞은 가르침을 베푸는 것을 말한다. 그렇기에 이론을 따지기 좋아하는 이 제자를 앞에 두고 세존은 온화하게 이렇게 응대해주셨다.
"잘 들거라, 마룬쿠야여. 여기 독화살을 맞은 한 남자가 있다고 해보자. 그는 매우 고집이 센 인물로, 그를 치료하기 위해 한걸음에 달려온 의사를 앞에 두고는 이렇게 묻는다. 이 화살을 쏜 사람은 누구였습니까? 이 화살은 어떤 화살입니까? 그리고 이 화살의 독은 대체 어떤 독입니까? 그것을 가르쳐주시기 전에는 절대로 치료를 받을 수가 없습니다… 이렇게 버티고 있다. 너는 이 사람에 대해서 어떻게 생각하느냐?"

"…."

"알겠느냐, 마룬쿠야여. 네가 묻고 있는 것은 그것과 하나도 다를 바가 없노라. 너는 가장 중요한 일을 잊은 채, 그저 논쟁만 벌일 것이냐. 이는 얼마나 어리석은 일인가. 지금 가장 중요한 일은 어서 독화살을 빼는 것, 즉 괴로운 인생을 해결하는 일이로다. 너는 지금 그것을 해결하기 위해 힘써야 하느니라."

그것을 전제로 세존은 청년에게 4가지 진리를 가르쳐주셨다.

1. 삶은 괴로움이다.
2. 그 괴로움은 욕망이라는 원인에서 비롯된 것이다.
3. 따라서 욕망을 덜어내면 저절로 괴로움도 소멸된다.
4. 욕망을 덜어내기 위해서 우리는 바르게 보고, 올바른 생활을 해야만 한다.

이것이 4가지 진리이다. 세존이 설파하신 그 가르침으로 인해 마룬쿠야는 불교란 무엇인지, 그리고 인간에게 있어 가장 중요한 것이 무엇인지를 분명하게 이해하게 되었다.

사랑은 괴로움의 근원이다

　인연의 '연緣'이라는 글자는 2개의 짚단이 서로 기대어 서 있는 것처럼, 세상의 사물이 서로 의지하며 존재함을 뜻한다. 어쩌면 세존은 벼를 베어낸 농촌 들녘에 볏단이 서로에게 의지한 채 기대어 서 있는 모습을 보고 그러한 개념을 떠올렸을지도 모른다.

　시간이 흐르면서 '연'은 '인연'이 된다. 인연이란 말 그래도 '인因'과 '연緣'이다. 인은 결과를 낳게 한 내적이고 직접적인 원인이며, 연은 외부로부터 이를 도운 간접 원인이다.

　대지에 씨앗을 뿌려 싹이 나올 때, 발아의 인(직접 원인)은 씨앗일 것이다. 이에 비해서 연(간접 원인)은 대지와 물, 햇빛 등이 된다. 이를테면 새가 와서 막 싹이 돋아나기 시작한 씨앗을 먹어치우지 않는다는 조건—말하자면 마이너스적인 조건—일지라도 씨앗 발아의 연인 셈이다. 그러한 수많은 인과 연을 배경으로 발아라고 하는 현상이 자리하는 것이다.

　하지만 연기사상은 이러한 생물학적, 물리학적인 현상을 해명하기 위해 존재하는 것은 아니다. 그보다는 그러한 세상의 사물의 존재양식을 이해한 연후, 우리 삶의 문제들을 해결하기 위해 존재하는 것이다.

우리는 많은 고뇌를 지니고 있다. 현실에서 괴로움을 겪고 있다. 그러한 괴로움을 해결하기 위해서는 어떻게 하는 것이 좋을까? 그 해결법을 일러주는 것이 바로 연기사상이다.

우리가 지금 괴로워하는 것은 반드시 어떤 원인이 있기 때문이다. 원인이 없으면 그 결과인 괴로움도 없다. 그렇다면 그 원인을 없애면 된다. 원인이 없어지면 결과(괴로움)도 저절로 소멸된다.

그렇다면 그 괴로움의 원인은 무엇인가? 단적으로 말해서 그것은 '사랑'이다.

불교에서의 사랑은 일반적인 의미의 사랑과는 그 의미가 다르다. 기독교에서는 '원수를 사랑하라'고 가르치지만, 불교에서는 '사랑해서는 안 된다'고 가르친다. 왜냐하면 불교에서 말하는 사랑은 집착을 뜻하기 때문이다. 사랑은 갈애渴愛이다. 목이 바싹 말라 있을 때 허겁지겁 물이 마시고 싶어지는 상태, 그것이 바로 갈애이다. 이것을 애착이라는 말로 바꿀 수도 있다. 욕망에 불타오르는 사랑. 집착이 되어버린 사랑. 그것이 불교에서 말하는 사랑이며, 그렇기에 사랑해서는 안 된다고 가르치고 있다.

이런 사랑이 괴로움의 원인이 된다. 사랑하는 까닭에, 즉 집착하는 까닭에 사람은 괴로움에 빠지는 것이다.

그럼 어째서 사랑이 존재하는 것일까? 연기의 철학은 사랑 역시 무엇인가가 원인이 되어 생겨난 하나의 결과라고 가르친다. 세존은 사랑을 지어내는 원인을 '무명無明'이라고 설파하셨다. 무명이란 진정한 지혜를 갖지 못한 것이다. 우리 인간이 진리를 알지 못한 채 헤매는 상태가 무명이다. 그런 까닭에 우리는 사물에 집착(사랑)하고 괴로워한다. 즉, 무명-사랑-괴로움이라는 관계가 가장 기본적인 연기의 패턴이다. 여기에 3가지 항목이 있으므로, 이를 '삼지연기三支緣起'라 부른다. 꿈속에서 괴물에게 쫓겨 괴로워하는 양상이 이에 해당한다 할 것이다. 괴물이 없음을 알지 못하고(무명), 그것으로부터 도망치고 싶어(사랑), 자기 멋대로 괴로워하고 있는 것이다. 괴물 따위는 존재하지 않는다는 사실을 알았을 때, 무명은 사라지고 사랑도 없어지며, 또한 괴로움도 해소된다. 이것이 연기의 가르침이다.

대승불교와 소승불교

최초로 세존에 의해 설파된 불교는 소승불교였다. 그것은 출가자 중심의 불교이며, 출가자가 아니면 진정한 구원이나 궁극의 깨달음을 얻을 수 없다고 되어 있다.

그러한 출가자의 독선적 경향에 반발하여, 재가자도 구원받을 수 있으며, 구원받지 않으면 안 된다고 주장한 것이 대승불교이다. 대승불교는 인도에서 기원전후 무렵에 재가자를 중심으로 전개된 새로운 종교운동이었다.

나는 지금 세존의 불교를 소승불교라고 했다. 이것은 너무도 불손한 명명이 아닐지. 불교를 처음 여신 세존, 그분을 '소승의 사도'(그 의미는 '협량한 이기주의자'에 가깝다)라고 불러도 괜찮은 걸까?

그리고 또 한 가지가 있다. 대승불교는 세존 입멸 후 4, 500년 뒤에 일어난 새로운 불교이다. 따라서 이는 누가 생각해도 알 수 있는 일인데, 대승불교의 제반 경전은 세존이 직접 설파하신 것이 아니라, 후세의 사람들이 만든 것이었다. 이른바 '대승비불설론大乘非佛說論'인데, 만약 그렇다면 대

255

승불교는 진정한 의미에서의 '불교'가 아닌 것이 된다. 진정한 의미에서의 불교란, 이것도 애매한 표현이긴 하지만, 적어도 석가모니불의 가르침은 아닌 것이다. 이러한 점을 대승불교도는 어떻게 생각해야 할까?

이것은 매우 중요한 문제이다. 왜냐하면 《반야심경》을 비롯해, 《법화경》 《화엄경》 《승만경》 《유마경》 《대일경》 《이초경》 《정토삼부경》 같은 경전류들이 모두 세존과 관계없는 후인들의 창작(?)이 되어버릴 수도 있기 때문이다. 창작이라면 문학작품으로서의 가치는 있을 테지만, 신앙상의 가치는 아무래도 떨어지고 만다. 과연 괜찮은 것일까?

그 점에 대해서는 이렇게 생각한다. 우선 세존은 대단히 많은 씨앗을 뿌린 분이라고 생각하는 것이다. 후세의 불교에서는 그것을 '8만 4,000개의 법문'이라고 한다. 물론 8만 4,000이라는 숫자는 그 수가 엄청나다는 것을 그렇게 말한 것인데, 나는 세존이 이미 8만 4,000종류에 이르는 다종다양한 씨앗을 뿌려두셨다고 생각하고 싶다.

대시에 뿌려진 씨앗이 발아하기 위해서는 여러 가지 조건이 갖추어져야 한다. 아무리 종자가 우수하더라도 대지에 힘이 없으면 발아하지 못하며, 햇빛이나 물의 도움을 받지 못해도 마찬가지이다. 겨우 싹을 틔우기는 했더라도 곧 말라 죽고 말 것이다. 그와 마찬가지로 세존의 가르침이 분명하게 하나의 형태를 갖추기 위해서는 수많은 조건들이 정비되어야만 한다. 초등학생에게 고등수학을 가르쳐봐야 헛수고이다. 단계를 밟아서 조건이 갖추어졌을 때에야 비로소 탐스러운 꽃이 피어난다.

세존이 뿌리신 씨앗 중에는 대승의 종자도 있고 소승의 종자도 있었다. 소승의 종자가 가장 먼저 싹을 틔웠지만, 그것만이 세존의 가르침의 전부는 아니었다. 세존 입멸 후 500년이 지나서야 겨우 발아한 종자도 있었다. 그것이 다름아닌 대승불교가 아닐까. 나는 그렇게 받아들이고 싶다.

공의 가르침을 믿는다

 예를 들어, 내가 탁자 위에 올려져 있는 5개의 사과를 바라보았다고 가정해보자.
 그렇다면 나는 그때 "5개의 사과가 있군"이라고 말할 것이다. 나뿐 아니라, 모두가 그렇게 말할 것이다. 하지만 잘 생각해보면 여기에 문제가 없는 것도 아니다. 우선 '5개'라는 개념— 대체 그것은 어디에 있는 것일까?
 사과가 5개 있으므로 '5개'라는 개념은 사과에 있다. 그렇게 말할지도 모른다. 하지만 그것은 좀 이상하지 않은가. 거기서 사과 1개를 치우면, 나머지는 '4개의 사과'가 된다. 사과 그 자체에는 변화가 없는데, '5개'가 '4개'로 변해버린다. '붉은 사과' '푸른 사과'라고 하는 경우의 '붉은'이나 '푸른'과, '5개'나 '4개'는 다른 것이다.
 내가 '5개의 사과'를 보고 있을 때, 내 눈에 비친 것은 '사과·사과·사과·사과·사과'이지, '5개의 사과'는 아닐 것이다. 그렇다면 '5개'라는 것은 사과 그 자체와는 관계없고, 내가 지어낸 관념에 불과하다. 그렇기에

'5개'라고 하는 것은 어디에도 없는 것이다.

그리고 '붉은 사과' '푸른 사과'라고 하는 경우의 '붉은'이나 '푸른'은 어떤가? 앞에서 나는 이것이 '5개'나 '4개'라는 개념과는 다르다고 말했다. 하지만 잘 생각해보면 조금도 다르지가 않다. 이 '붉은'이나 '푸른' 역시 사과 그 자체에는 속하지 않으며, 오히려 보는 쪽에 있다고 할 수 있다. 왜냐하면 저물녘의 어둠 속에서 보면 모든 사과가 회색으로 보일 터이기 때문이다. 그것은 즉, '붉은 사과'의 '붉은'은 보는 쪽에 있는 것이고, 대상 그 자체에는 존재하지 않음을 나타내는 것이다.

그리고 끝으로 이번엔 '사과' 그 자체. 과연 사과는 실제로 존재하는 것일까? 답은 이 경우에도 부정적이다. 가령 우리가 그 존재를 알아차리지 못한다면, 그 경우는 거기에 '사과'가 존재하지 않는 것이나 마찬가지이다. 따라서 '사과'라는 존재는 그것을 알아차린 우리 마음이 지어낸 것이라고 할 수 있다. 눈이 보이지 않는 사람에게 '사과'는 존재하지 않기 때문이다.

이로써 '공'이라는 개념을 어느 정도는 이해했으리라 생각한다. '5개의 붉은 사과'는 어디에도 존재하지 않는다. 그것은 우리 인간이 마음대로 지어낸 개념이다. 그것이 바로 공인 것이다.

이런 나의 주장에 일부 독자들은 분명 화를 낼 것이다. 그런 바보 같은 논리가 어디 있느냐면서. 실제로 '사과'는 거기에 있는 것이므로 분명 존재한다. 눈이 보이지 않는 사람일지라도 만져보면 알 수 있을 터이다. 있는 것은 있는 것이다.

어떤 의미에서 독자들의 항변은 너무도 지당하다. 아마도 이런 이야기를 들으면 누구든 화를 낼지도 모른다. 하지만 사실을 말하자면 이는 독자들이 잘못 알고 있는 것이다. 독자는 - 나도 포함하여 - '사과가 있다'는 생각에 길들여져왔기 때문에, 그밖의 다른 생각은 하지 못하는 것이다. '공'이나 '연기'에 대해서 제대로 볼 수 있게 되기까지는 역시 그 나름의 훈련이 필요하다. 아니, 훈련이라기보다 불교적 수행이 뒤따라야 한다. 다른 사람에게서 어깨 너머로 들은 몇 마디 말만으로 '아, 그렇군요' 하면서 당장 자신의 관점을 바꿀 수는 없는 일이다.

'남자'나 '여자'라는 차별 역시 오랜 세월 동안 그러한 차별에 길들여져 살아온 우리로서는 쉽사리 그것을 벗어버릴 수가 없다. 부모는 '부모', 자식은 '자식', 그렇게 굳게 믿고 살아가는 수밖에 없다. '사과가 있다'고, 그 또한 그렇게 믿고 마는 것이다.

마침내 그것이 공이라는 것을 알게 되기까지, 우리는 매일매일 쉼 없는 노력을 기울여야 한다. 아무리 노력해도 그 경지에 도달하지 못할지도 모른다.

그렇다면 '5개의 붉은 사과' 따위는 어디에도 없다, 그것은 필경 공이다 라고 믿는 수밖에는 없다. 그것이 부처의 가르침임을 믿고, 일상 속에서도 되도록 그러한 관점을 견지해나가도록 해야 한다. 그렇게 해나가다보면 어느 날엔가는 저절로 공을 이해하게 될지도 모른다.

공을 알게 되면, 그 다음은 자신도 모르는 사이에 그러한 관점이 저절로 몸에 배게 된다. 불도 수행이란 바로 그렇게 한 걸음씩 앞으로 나아가는 것이다.

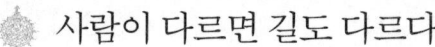 사람이 다르면 길도 다르다

불교에는 대기설법이라는 말이 있다. 또는 '8만 4,000개의 법문'이라는 말도 있다. 대기설법이란 세존께서 상대의 소질이나 능력에 맞추어, 각자에게 걸맞은 가르침을 베푼 데서 나온 말이다. 그러한 예는 얼마든지 많지만, 특히 내게 인상 깊게 남아 있는 것은 우바리에 대한 세존의 가르침이다.

우바리優波離는 세존의 16대 제자 중의 한 사람으로 뛰어난 재능을 갖추고 있었다. 세존 입멸 직후, 500명의 제자들이 왕사성 외곽에 모여서 세존이 생전에 설파한 가르침이 무엇이며, 또한 세존이 어떠한 계율을 제정하셨는지를 서로 확인했다. 알기 쉽게 말해서 성서편찬회의(불교에서는 이를 '결집結集'이라 부른다)를 개최한 것인데, 우바리는 여기서 '계율' 부문의 리더 역할을 맡았다. 이는 그가 다른 제자들보다 계율에 대한 깊은 이해와 식견을 갖추고 있었기 때문이다.

우바리는 세존이 살아계실 때, 자신도 아난야阿蘭若에서 수행하고 싶다는 청을 넣었다. 아난야란 인가에서 멀리 떨어진 고요한 벌판이나 황무지를 뜻한다. 이것은 때로 '적정처寂靜處' '원리처遠離處' 등으로 번역되기도 한다. 수많은 불제자들이 그곳에서 수행을 하고 있었다.

하지만 세존은 그것을 허락하지 않으셨을 뿐만 아니라, 우바리와 같은 성격을 지닌 사람은 아난야에서 수행을 하게 되면 오히려 좋지 않다고 말씀하셨다.

"잘 듣거라, 우바리여. 연못에 찾아온 코끼리가 즐겁게 목욕을 하고 있었다. 귀를 씻기도 하고, 등에 물을 뿌리기도 하면서 참으로 기분 좋게 놀았지. 그 모습을 지켜보던 토끼도 목욕을 하고 싶어졌느니라. 그래서 코끼리가 떠난 뒤, 토끼도 연못에 뛰어들었다."

우바리는 잠자코 세존의 말씀에 귀를 기울였다.

"하지만 토끼는 곧 연못에서 뛰쳐나왔지. 왜냐하면 그 연못은 토끼에게는 너무 깊었기 때문이지. 발이 땅에 닿지 않았으니, 토끼는 겁이 날 수밖에. 우바리여, 너에게 아난야는 토끼에게 있어 연못과 같으니라. 너에게는 어울리지 않는다."

그것이 우바리에 대한 세존의 충고였다. 세존은 결코 획일적인 법(가르침)으로 설파하지 않으셨다. 각자에게 어울리는 법으로 베푸셨다. 그 결과 세존의 가르침은 실로 다종다양하게 남게 되었다. 어떤 이에게는 아난야에서 수행하도록 권하셨고, 또 어떤 이에게는 금하셨다. 외견상으로는 서로 모순되어 보이는 가르침도 있었다. 하지만 그것은 결코 모순이 아니다. 사람이 다르면 그 길 또한 달라지게 마련이다.

불교에는 '8만 4,000개의 법문'이 있다고 한다. 이것은 실제 수는 아니지만, 어딘지 꼭 그만큼의 무수히 많은 가르침이 있을 듯한 생각이 든다.

산을 움직이는 방법

언젠가 다음과 같은 이야기를 들은 적이 있다. 누구한테서 들었는지는 잊어버렸다. 어떤 책에서 읽은 것인지도 모른다.

이 이야기에는 마호메트가 나온다. 어쩌다 그렇게 되었는지는 잊어버렸지만, 어쨌든 마호메트가 사람들에게 '기적'을 행해 보이겠노라고 예고했다. 모년 모일, 자신은 저 산을 이쪽으로 옮겨놓아 보이겠노라고 공언했다.

아는 바와 같이 《신약성서》의 마태 복음서에는 병자로부터 악령을 쫓아내려다가 실패한 제자가 "어째서 우리는 악령을 쫓아내지 못했던 것입니까?"라는 물음에 대한 예수 그리스도의 대답이 들어 있다.

"너희 믿음이 적은 연고니라. 진실로 너희에게 이르노니, 너희가 만약 믿음이 한 겨자씨만큼만 있으면 이 산을 명하여 여기서 저기로 옮기라 하여도 옮길 것이요, 또 너희가 못할 것이 없으리라."

어쩌면 마호메트의 '기적'은 《성서》의 이 이야기와 관계가 있을지도 모른다.

어쨌든 그날 마호메트의 기적을 보려고 수많은 사람들이 몰려들었다. 그러자 마호메트는 군중을 앞에 두고 산을 향해 외쳤다.

"산이여, 이리로 오라!"

하지만 산은 꿈쩍도 하지 않았다. 그러자 그는 다시 한번 외친다.

"산이여, 이리로 오라!"

두 번째에도 산은 움직이지 않았다. 사람들은 놀란 얼굴을 하고 있다… 아니, 하고 있었을 것이다. 그 부분은 나의 상상이다.

그러자 마호메트는 다시 한번 외쳤다.

"산이여, 이리로 오라!"

하지만 산은 여전히 요지부동, 꿈쩍도 하지 않았다. 아마도 군중들의 얼굴에는 실망하는 기색이 역력히 드러나고 있었을 것이다. 자신들이 마호메트에게 속았다고 생각했거나, 아니면 마호메트를 가짜 예언자라 경멸했거나. 그런 군중들을 향해 마호메트는 이렇게 말했다.

"여러분! 나는 산을 향해 세 번 외쳤습니다. 그렇지만 산은 꿈쩍도 하지 않았습니다. 그렇다면 이제는 내가 산을 향해 걸어가는 수밖에 없습니다!"

그러면서 마호메트는 산을 향해 뚜벅뚜벅 걸어가기 시작했다. 대략 그런 줄거리였다.

참으로 멋진 이야기가 아닌가. 우리가 산을 움직이려고 필사적일수록 산은 움직이지 않는다. 움직이지 않는 산을, 더욱 필사적이 되어 움직이려 하는 것이 우리 범부들의 방식이다. 어리석은 일이 아닐 수 없다. 그럼에도 불구하고 그러한 자신의 어리석음조차 알아차리지 못하고 산다. 산이 움직이지 않으면, 내 쪽에서 움직여간다. 그것으로 족하다. 그렇게 할 수 있을 때, 분명 산은 움직이게 되어 있다. 왜냐하면 당신 곁에 산이 와 있을 테니까….

그것이 바로 공의 철학이다. 상대인 산만을 움직이려 집착하지 않고, 그런 얽매임에서 벗어나 내 쪽에서 먼저 움직인다. 그것이 가능하기 위해서는 공을 이해하고 있지 않으면 안 된다. '반야바라밀다'에 의하지 않으면 안 된다. 즉, 《반야심경》은 우리에게 그렇게 산을 움직이는 방법을 가르쳐 주고 있는 것이다.

누구에게나 미워하는 상대가 있을 것이다. 얼굴조차 마주하기 싫은 사람 말이다. 그럴 때는 억지로 성인군자인 척할 필요가 없다. 그것이 범부의 본래 모습이니까. 사랑하는 사람이 있으면, 미워하는 사람도 있게 마련이다.

그런데 그 얼굴도 마주하기 싫은 상대에 대해, 당신은 마음속으로 바라고 있다. 언젠가 그와 화해하고 싶다고. 그리고 상대를 움직이게 하는 기적을 기대한다. 그렇지만 불교에는 기적이란 없다.

당신이 "어서 나에게 고개를 숙여, 나에게 용서를 빌라고!"라고 외치면 외칠수록, 오히려 상대는 꿈쩍도 하려 하지 않는다. 그런 기적을 바라봐야 소용없는 일이다.

하지만 불가사의는 존재한다. 불가사의란 인간의 힘이 미치지 못하는 영역을 말한다. 그런 불가사의한 일이 손쉽게 일어날 수도 있다.

어떻게 하면 그것이 가능할까?

그것은 바로 당신 쪽에서 먼저 숙이고 들어가면 되는 것이다. 산이 움직이지 않을 때, 당신 쪽에서 먼저 산을 향해 걸어가는 것과 마찬가지이다. 그럴 때 바로 당신에게 불가사의한 일이 일어날 것이다.

신념도 하나의 집착이다

《유마경》이라는 경전이 있다. 정확히는《유마힐소설경維摩詰所說經》이라고 하며, 대표적인 대승경전 중의 하나이다.

《유마경》의 주인공은 유마거사와 문수보살이다. 유마라는 이름의 거사(자산가)와 지혜로운 문수보살의 대화와 문답을 적어놓은 것이 바로 이 경전이다. 물론 두 사람 모두 가공의 인물이다. 그리고 이들은 모두 재가 불자이다.

거기에는 사리불도 조연으로 등장한다. 사리불, 즉 사리붓다는 세존의 10대 제자 중 한 사람인데, 지혜에 있어 첫번째로 꼽히는 인물이다. 따라서 그는 실존 인물인 셈인데, 경전에 등장하는 사리불은 반드시 역사적인 인물과 일치하는 것은 아니다. 경전의 작자는 이 석가의 고제(高弟, 많은 제자 중 특히 뛰어난 제자, 고족제자의 준말—옮긴이)를 비판함으로써 소승불교의 독선 양상을 비난하려 한 듯하며, 따라서 사리불은 풍자적으로 그려지고 있다.

사리불은 유마거사와 문수보살의 열띤 토론에 열심히 귀를 기울이고 있었다. 사리불은 출가자이며, 유마거사와 문수보살은 재가 불자이다. 즉, 출가자가 재가자들의 담론을 경청하고 있었던 것이다. 거기에 첫번째 냉소가 있다.

사실은 그 자리에 사리불 한 사람만이 아니라 여러 명의 출가자들이 함께 있었다. 사리불은 출가자를 대표해서 비아냥을 당하고 있었던 듯하다. 유마의 방에는 그밖에도 많은 사람들이 모여 있었다. 실제로는 방 안에 그렇게 많은 사람들이 들어갈 수 없을 테지만, 경전은 하나의 이야기로서 그렇게 묘사하고 있다. 천녀(天女, 불교에서 천상계에 산다고 하는 여자. 용모가 아름답고, 노래와 춤에 능하고, 자유로이 날아다닌다고 함—옮긴이)도 그곳에 와 있었다.

문제의 장면은 유마거사와 문수보살의 너무도 신통한 대화에 감동한 천녀가 천상으로부터 하늘의 꽃을 뿌린 데서 시작된다. 아름다운 꽃들이 하늘에서 춤을 추듯 떨어져내렸다. 꽃들은 그곳에 모인 사람들의 옷에 닿았고, 그들의 발치에도 수북이 떨어져내렸다.

그런데 어찌된 일인지 사리불을 비롯한 출가자들의 옷에 닿은 하늘의 꽃은 그대로 착 달라붙어 떨어지지 않았다. 그들은 어떻게든 꽃을 떼어내려고 해보았다. 사리불도 있는 힘을 다해 꽃을 떼어내려고 했다.

"어머나, 사리불님, 왜 그러시는지요?"

천녀가 물었다.

그러자 사리불은 진지한 얼굴로 이렇게 답한다.

"꽃이란 출가자에게는 어울리지 않습니다. 그러니 떼어내려고 하는 것인데."

"사리불님, 당신의 그 생각은 잘못된 것이 아닌지요? 자, 보세요. 재가자들에게는 꽃이 달라붙어 있지 않습니다. 그런데 출가자인 여러분은 꽃은 안 돼, 안 돼 하면서 도리어 꽃에 매우 집착하고 계신 것입니다. 그렇기에 꽃이 착 달라붙어서 그처럼 떨어지지 않는 게 아니겠습니까?"

참으로 통렬한 지적이 아닐 수 없다.

출가하여 모든 욕망을 끊어내지 않는 한, 진정한 깨달음은 얻어지지 않는다고 그들은 굳게 믿고 있었다. 더더욱 자신의 몸을 꽃으로 치장하는 일은 출가자인 자신들에게는 어울리지 않는다고 생각했다. 그것은 출가주의를 신봉하는 그들에게는 당연한 신념일 테지만, 바로 그러한 신념 자체가 하나의 집착이 되어 있음을 그들은 미처 깨닫지 못하고 있었던 것이다.

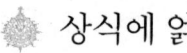 상식에 얽매이지 말라

우리는 그 얼마나 상식이라는 것에 얽매여 살고 있는가.
 중국 고전인 《장자莊子》의 〈소요유편逍遙遊篇〉에는 상식의 신봉자인 혜자와 자유의 사상가인 장자의 문답이 전해진다. 혜자는 이렇게 말한다. 자신은 엄청나게 커다란 표주박을 얻었노라고. 그런데 거기에 마실 것을 담으면 너무 무거워서 들 수가 없고, 둘로 쪼개서 그릇으로 쓰려면 바닥이 너무 납작에서 물이 넘칠 뿐이라고. 그는 또 사람들이 가죽나무라고 부르는 나무도 얻었다. 그것은 옹이투성이의 거목인데, 아무짝에도 쓸모 없는 것으로, 목수는 그 나무를 두 번 다시 쳐다보려고도 않으니, 어떻게 해야 할지 난감할 뿐이라고. 혜자는 그렇게 상식에 비추어 말한다.
 그러자 장자는 그런 그를 비웃으며, 자신이라면 그 엄청나게 큰 표주박으로 배를 만들어서 호수 위에 띄워놓고 푸른 하늘을 즐기겠노라고 응수한다. 그리고 옹이진 가죽나무는 너른 벌판에 심어두고, 그 아래서 유유자적 누워 있겠노라고 말하며, 어째서 그대는 그토록 악착같기만 한가라고 반문

한다.

그렇다. 우리는 스스로 갑갑한 상식을 만들어내고, 늘 거기에 얽매여 살고 있다. 어째서 우리는 그토록 정신없이 일하며 입신출세만을 꿈꾸는 걸까? 항상 노력, 노력을 외치며, 왜 그토록 거기에 매달리는 것일까? 상식은 어딘지 옹색하고 갑갑하다.

물론 노력하지 않아도 된다는 뜻이 아니다. 문제는 우리가 노력이라고 하는 상식에 지나치게 집착하고 얽매여 있다는 데 있다. 그리고 집착은 곧 번민이 된다. 그렇기에 아무리 노력해도 그에 상응하는 결과를 얻지 못했을 때 곧 실망하고 낙담하며, 반면에 그에 상응하는 결과를 얻었을 때는 더욱 노력주의의 신봉자가 되어서 타인에게까지 그것을 강요하게 된다. 때로는 노력하지 않고 성공한 사람에 대해 질투하는 마음조차 생길지도 모른다. 어찌됐든 상식에 얽매여 있을 때 우리는 자유로울 수가 없다.

그러한 모든 것들에서 홀가분하게 놓여나 어디 한번 자유로운 몸이 되어 보자. 그것이 잘 될지 어떨지는 알 수 없다. 하지만 그것이 가능할 때, 그때 그곳에 펼쳐지는 경지가 바로 공의 세계인 것이다.

불가사의와 불교

불교 용어 중에 '불가사의'라는 말이 있다. 산스크리트 어인 '아친드야'를 번역한 것인데, 부처의 힘은 실로 깊고 넓어서 우리 범부는 그것을 미처 헤아릴 수 없으며, 또한 말로도 표현할 수 없다는 의미이다.

나는 이 말을 무척 좋아한다. 수많은 불교 용어 중에서 한마디를 고르라고 한다면, 나는 주저없이 이 말을 택할 것이다. 이 말이 불교를 가장 잘 나타내주는 말이라 생각되기 때문이다. 가령 기독교를 '기적의 종교'라 부른다면, 불교는 '불가사의의 종교'라 부를 수 있지 않을까? 기적을 인정하지 않으며, 기적을 필요로 하지 않는 불교에 있어서, 이 말은 가장 '기적'에 가까운 말이 아닐까 하는 생각도 든다.

이 말을 들을 때면 늘 료칸의 다음 한시를 떠올리게 된다.

花無心招蝶 　　꽃은 무심히 나비를 부르고
蝶無心尋花 　　나비는 무심히 꽃을 찾는구나

花開時蝶來	꽃이 필 때 나비가 찾아오고
蝶來時花開	나비가 찾아오면 꽃이 피는구나
吾亦不知人	나 또한 그를 알지 못하고
人亦不知吾	그 또한 나를 알지 못한다
不知從帝則	알지 못하여도 섭리를 따르는구나.

 료칸의 시는 그다지 어렵지 않다. 이 시도 평이한데, 마지막 구절만은 주석이 필요할지도 모르겠다. 여기서 '제칙帝則'이란 천제의 법칙, 즉 대자연의 섭리라는 말이다. 따라서 이 구절은 '우리도 알지 못하는 사이에 우리는 자연의 대도를 따르며 살아간다'는 의미가 되지 않을까.
 이 시에서 꽃이 무심히 피어날 때, 어디선가 나비가 날아와 춤을 춘다. 나비가 무심히 찾아왔을 때, 아름다운 꽃이 피어난다. 이는 너무도 흔히 볼 수 있는 세상의 풍경이며, 조금도 놀랍지 않다고 말한다면 달리 할 말은 없다. 하지만 시인의 눈으로 보면 너무도 흔한 세계는 흔한 대로 아름다우며, 또한 불가사의한 것이다.
 선어 가운데 '줄탁동시啐啄同時'라는 말이 있다. 병아리는 21일 동안 어미닭의 품에 있다가 알을 깨고 나온다. 그 21일째에 알 속의 병아리가 안에서 부리로 껍질을 두드리고, 그에 호응해서 어미닭은 바깥에서 알을 쫀다. 병아리의 두드림이 바로 '줄啐'이며, 어미닭이 부리로 껍질을 쪼는 것이 '탁啄'인데, 이 두 행위가 적절한 타이밍으로 일치되지 않으면 애써 만들어진 새 생명은 죽고 만다. 줄탁동시란 바로 그런 자연의 현묘한 이치를 표현한 말이다.

그리고 꽃이 필 때 나비가 찾아와 춤을 추는 것 역시 줄탁동시가 아닐까. 나비도 꽃도 무심하며, 무심한 채로 양자는 서로 호응하고 있다. 그런 자연 본연의 모습에서 우리 불교도들은 하나의 기적을 보고, 그리고 그것을 불가사의라는 말로 표현한 것이 아닐까. 나는 불가사의라는 불교 용어를 떠올릴 때면 언제나 료칸의 이 시를 함께 떠올려본다.

죽은 자를 내지 않은 집은 없다

　세존의 시의를 맡았던 지바카[지바카 코마라바카(耆婆)]는 중국 전국시대의 의성인 편작과 어깨를 나란히 하는 명의였다. 부왕을 죽이고 왕위를 찬탈한 마가다 국의 아자세 왕에게 참회의 길을 열어주어, 세존 슬하에 그를 귀의시킨 것도 바로 이 지바카였다. 선병질(뼈가 가늘고 가슴이 편평하며 목에 림프절이 잘 붓는, 이른바 무력 체질 또는 신경질적인 허약아 상태의 총칭―옮긴이)을 앓았던 것으로 보이는 세존은 종종 이 지바카의 치료를 받았던 듯하다. 그는 한역 불전에는 노파耆婆라는 이름으로 등장한다.
　그런데 나는 세존 자신도 뛰어난 명의였다는 생각이 든다. 물론 노파와 같이 내과나 외과 의사는 아니다. 지금으로 말하자면 정신과 의사라고나 해야 할까.
　코살라 왕국의 수도인 사위성에서 있었던 일이다. 그곳엔 죽은 아이의 시신을 끌어안고 우왕좌왕하는 한 여인이 있었다. 그녀의 이름은 키사고타미로, 하나뿐인 자식을 잃고 그 죽음이 도무지 믿어지지 않아 여기저기

277

명약을 찾아 헤매던 중이었다.

"죽은 자를 낫게 할 약은 없다"며 사람들은 그녀를 조롱했다. 시신은 이미 부패한 냄새를 풍기고 있었다. 그녀는 정신이 절반쯤 나간 상태였다.

"내가 그 약을 만들어주지…."

세존은 조용히 말했다.

"…."

"가서 겨자씨를 얻어오너라. 그러나 키사고타미여, 이제까지 죽은 자를 낸 적이 없는 집의 겨자씨를 얻어와야만 한다."

어미는 지푸라기라도 잡으려는 심정으로 집집마다 찾아헤맸다. 죽은 자를 낸 적이 없는 집, 그리고 겨자씨. 그것만 있으면 아이를 구할 수가 있다. 그러나 어느 집을 가봐도 죽은 자를 내지 않은 집은 없었다. 어디에도 그녀가 찾는 집은 존재하지 않았다.

그 사실을 알았을 때, 그녀의 광기는 차츰 가라앉게 되었다. 세존은 뛰어난 정신과 의사였던 셈이다. 나는 그렇게 생각한다. 그리고 그것은 정신과 의사의 하나의 임상례인 것이다.

일기일회의 가르침

'지금, 여기'를 선적으로 표현하면 '눈앞의 지금'이라고 할 수 있을 것이다. 영어로는 'now and here'라 하겠다.

우리는 바로 이 '지금, 여기'를 매우 소중히 여겨야 한다. 소중히 여기고 자시고 할 것도 없다. 우리에게는 그것밖에는 없는 것이다. 과거는 이미 지나가고 없다. 미래 역시 없다. 언젠가는 찾아올 미래도, 그것이 찾아왔을 때는 바로 지금인 것이다. 그렇다면 미래 따위는 존재하지 않는다. 바로 현재만이 있을 뿐이다.

우리는 '지금, 여기'만을 살 수 있을 뿐이다. 그것을 깨달으면서 사는 것이 선적인 삶의 방식이다. 달리 어떻게 해볼 수 없는 과거에 얽매여 고민해 봐야 아무 소용이 없다. 오지도 않은 미래에 대한 염려 역시 마찬가지이다. 현재의 삶을 성실하게 살아가는 수밖에 없다. 그것만이 우리가 할 수 있는 전부이다.

지금 하고 있는 일에 최선을 다하는 것, 그것이 중요하다. 최선을 다한다는 것은 백점 만점을 받으라는 것이 아니다. 60점을 맞아도 좋으니, 최선을 다하라는 말이다. '지금, 여기'는 한 번밖에 없으므로 우리는 2가지 일을 동시에 할 수 없다. 그것을 잊어버린 채, 갑에 관한 일을 하면서 마음은 을을 향하고 있다면 아무것도 얻을 수 없을 것이다.

  사람과의 만남도 마찬가지이다. 내가 지금 만나고 있는 바로 이 사람에게 최선을 다해야 할 것이다. 과거의 이런저런 얽매임은 다 잊고, 또 언젠가 다시 만나게 될 것이란 사실도 생각지 말고, '지금, 여기'에서의 만남에 최선을 다해야 한다. 그러한 마음자세가 바로 '일기일회—期—會'라고 생각한다. 이는 본래 다도에서 쓰는 말이지만, 불교의 선사들이 제자들을 지도할 때 자주 쓰는 말이기도 하다. 일기란 인간이 태어나서 죽을 때까지를 가리키고, 일회란 한 스승 밑에 한 번 모인다는 의미이다. 따라서 일기일회란 평생 단 한 번 만나는 것을 가리킨다. '단 한 번'은 여러 번 되풀이하지 않는다는 엄숙한 뜻을 내포하고 있다. 그러므로 그 기회를 헛되이 보내지 말고 치열하게 구도에 전념해야 한다는 것이다.

  참으로 옳은 말이 아닌가. 우리는 언제나 '지금, 여기' 밖에는 살 수가 없다. 그러니 최선을 다해 살아야 하는 것이다. 그 이외에 우리에게 다른 삶이란 없다.

일수사견―水四見

흰눈이 싸락싸락 내리던 어느 겨울 밤, 길을 잃고 헤매던 나그네가 남의 집 문을 두드린다. 밤이 꽤 이슥한데, 주인은 문을 열고 나와 나그네를 맞이한다. 그러면서 그는 지금 나그네가 걸어온 길에 눈길을 주며, 나그네가 남긴 발자국을 보고는 크게 놀란다.

주인은 나그네에게 이렇게 말한다.

"당신은 매우 운이 좋은 사람이군요. 당신이 지금 걸어온 그곳은 본래 호수랍니다. 지금은 눈이 얇게 덮여 있고, 당신은 그 위를 태연히 걸어온 것이지요. 만약 당신이 이곳 지리를 알았더라면, 결코 그렇게 하지 못했을 것입니다."

그러자 나그네가 그 이야기를 듣고 어떤 반응을 보였는지는 알 수 없다.

이 이야기를 한 사람은 게슈탈트 심리학파의 창시자인 코프카인데, 그는 거기까지밖에는 적지 않았다. 코프카는 독일에서 태어나, 후에 미국으로 건너갔다. 이 이야기를 하면서 그는 어쩌면 자신이 태어난 고향인 북구의 풍경을 마음에 그리고 있었는지도 모른다. 눈 쌓인 호수가 나그네에게는 그저 든든한 대지로만 보였던 것이다.

나는 여기서 코프카가 한 이야기를 마음대로 다르게 상상해보았다. 같은 날 밤, 그 마을 사람이 늑대에게 쫓기는 신세가 된다. 이제 곧장 앞으로 100m만 더 달리면 그는 늑대의 습격으로부터 벗어날 수가 있다. 하지만 그는 그 앞이 호수라는 사실을 잘 알고 있었다. 그러자 그는 한 순간 주저한 뒤, 호수를 우회하여 달려갔고, 결국은 늑대밥이 되고 말았다. 그런 일이 없으리라고만도 할 수 없다. 나그네였다면 태연히 걸어갔을 호수 위를—그때는 호수가 아닌 땅이었을 테지만—그는 도저히 갈 수 없노라고 잘못 판단한 것이 된다. 적절하지 않은 표현일지도 모르지만, 어쨌든 그렇게도 말할 수 있지 않을까?

불교에도 눈 오는 밤의 나그네와 비슷한 이야기가 있다. 원효대사에 관한 일화이다. 그는 의상과 함께 당나라로 유학을 떠났는데, 그 여행길에서 뜻밖의 경험을 하게 된다.

두 사람은 배고픔과 갈증을 참으면서 멀고도 험한 길을 걸어갔다. 별도 달도 없는 캄캄한 한밤중, 산 속의 어느 무덤 근처에서 그들은 하룻밤을 지내게 되었다. 배고픔은 어떻게든 참아볼 수가 있었지만, 갈증은 참기 힘든 고통이었다. 근처에 혹시 물이라도 있을까 사방을 두리번거리던 그들은 우연히 물이 괸 웅덩이를 발견하게 된다. 그러자 앞뒤 가릴 것 없이 허겁지겁 그 물을 마셨는데, 그 맛이 마치 감로수와도 같았다.

이튿날 아침, 두 사람은 다시 그 물이 괸 웅덩이를 찾았다. 그런데 놀랍게도 그 웅덩이에는 사람의 두개골과 뼈, 머리카락이 어지럽게 흩어져 있었고, 온갖 벌레가 들끓었으며, 사방에는 악취가 진동하고 있었다. 두 사람은 아연실색한 채, 그 자리에서 한동안 꼼짝도 할 수 없었다. 물론 더 이상 그 물을 한 방울도 마실 수 없었음은 물론이다.

원효대사는 이때 큰 깨우침을 얻게 된다. 지난 밤에는 감로수라 여긴 물이 오늘은 썩은 물로 보인다. 즉, 세상 만물은 모두 자신의 마음먹기에 달려 있다. 그것이 불교의 근본 가르침임을 그는 그 자리에서 뼈저리게 깨닫게 된 것이다.

불교학에서 오래 전부터 이야기되는 말 가운데, '일수사견一水四見'이라는 것이 있다. 이는 물이라는 동일한 대상을 놓고도, 천인天人은 그것을 보석으로 장식된 연못으로, 인간은 물로, 물고기는 집으로, 아귀는 피고름으로 본다는 가르침이다.

원효나 의상의 예에서와 마찬가지로, 보는 자의 마음에 따라 같은 대상도 전혀 다르게 보이게 마련이며, 그것을 우리가 진정으로 이해한다면 불교의 가르침의 많은 부분을 이해한 것이 된다.

마음 그대로가 부처이다

중국 남송 때의 공안집인 《무문관無門關》에는 '부처란 무엇인가?' 에 대한 마조의 2가지 답이 나온다. 그런데 이 두 답이 너무나도 다른 것이 재미있다.

어느 선승이 마조에게 묻는다.

"이 부처는 어떻소?"

마조가 답한다.

"즉심즉불."

즉심즉불卽心卽佛, 즉 마음 그대로가 부처라는 말이다.

그런데 다른 기회에, 다른 선승이 다시 물었다.

"이 부처는 어떻소?"

물음 또한 똑같았다. 그러나 이때 마조가 한 대답은 전혀 달랐다.

"비심비불."

비심비불非心非佛, 앞서 말한 즉심즉불의 부정이다. 분명 마음 그대로가 부처이다. 하지만 마음 그대로가 부처라고 믿어버린다면, 아마도 사람은 그 마음의 노예가 되어버릴 것이다. 마조는 바로 그 점을 말하고 싶었던 것이다.

나는 가끔씩 아이들에게 이런 핀잔을 듣곤 한다.

"아버지가 하신 말씀은 때때로 모순될 때가 많아요!"

"뭐가 모순된단 말이지?"

"지난번에는 학교쯤은 땡땡이를 쳐도 된다고 하셨잖아요. 학교 공부는 그렇게 열심히 안 해도 된다고요. 그런데 또 오늘은 우리보고 열심히 공부해야 한다고 하셨잖아요."

아들은 이때다 싶었는지 나에게 그런 항의를 해왔다. 나는 아들에게 이렇게 말해주었다.

"그건 전혀 모순되지 않아."

"하지만 공부 열심히 안 해도 된다고 하셨으면서…."

"응, 그랬지."

"안 해도 된다고요?"

"그래, 안 해도 돼."

"오늘밤에 이야기한 것과 다르잖아요? 오늘밤엔 열심히 공부해야 한다고 하셔놓고선."

"그럼, 열심히 공부해야지."

"아이참, 아버지는. 그건 서로 모순되잖아요."

"아니, 모순되지 않아. 네 입장에서 들으면 모순으로 들릴지도 모르지만, 아버지 입장에서 보면 조금도 모순되지 않는단다."

하지만 초등학생인 아들이 이 말을 이해하기란 쉽지 않을 것이다. 그런 생각을 하면서 나는 늘 마조의 말을 머릿속에 떠올린다.

즉심즉불.

비심비불.

조금도 모순되지 않는 이야기이다. 실로 이로써 충분하다 하겠다.

지장보살의 불교

옛날에 연상 게임이라는 것을 했었다. 어쩌면 지금도 있을지도 모른다. TV를 켜는 일이 좀처럼 없고, 최근에 유행하는 말도 거의 모른다. 연상 게임 이야기를 꺼낸 것은 '지장보살' 하면 무엇이 연상될까 하는 생각이 문득 들었기 때문이다.

지장보살… 빡빡 깎은 머리.

지장보살… 지켜보고 계신다.

이런 구절들이 떠오른다. 이것은 연상이라기보다 사실은 노래의 한 소절이다. 앞엣것은 〈후지 산의 흰눈〉이라는 노래의 한 소절이고, 뒤엣것은 〈마을 한구석의 지장보살님, 언제나 벙글벙글 웃으며 우리를 지켜보고 계시네〉라는 아이들의 동요이다.

나에게 있어 지장보살은 이 두 이미지로 집약되어진다.

그렇다. 지장보살은 빡빡 깎은 머리를 해가지고 우리를 지켜보고 계시는 것이다. 언제나 벙글벙글 웃으며 우리를 지켜보고 계신다. 거기, 우리의 지장보살이 있다.

　지장보살은 왜 머리를 빡빡 깎으셨을까? 그것은 아마도 지장보살이 바쁘기 때문이라고 생각한다.

　지장보살이 맡고 있는 지역은 매우 넓어서 지옥의 밑바닥부터 아귀의 세계, 그리고 우리 인간세계에까지 두루 미치고 있다. 그곳 어디선가 괴로워하는 사람들이 그를 부르면, 지장보살은 "그래, 갈게! 내가 간다고!" 하면서 달려가야만 한다. 물론 지장보살에게는 수많은 분신이 있다. 하지만 아무리 많은 분신이 있다고 해도, 지장보살에게 도움을 청하는 사람들이 훨씬 더 많다. 그러니 지장보살은 어느 때건 서둘러 달려나갈 수밖에는 없다. 따라서 언제 머리 손질을 할 시간이 있겠는가? 그렇기에 지장보살은 빡빡머리가 되실 수밖에 없었던 것이다.

　나는 '지장보살의 불교' 같은 것이 있었으면 좋겠다는 생각을 해본다. 그렇다고 그것이 무슨 별난 불교를 뜻하는 것은 아니다. 보통의 불교보다 조금 더 평범했으면 좋겠다고 생각한다.

　그러니 어쩌면 '지장보살의 불교' 란 '평상복 차림의 불교' 쯤으로 생각할 수도 있을 것이다. 그저 말없이 우리 범부들의 슬픔과 괴로움을 지켜봐 주시는 것만으로 족한 것이다. 그것이 바로 '지장보살의 불교' 라고 생각한다. 아니, 그 반대로 지장보살로부터 출발한 '불교' 는 분명 그러한 불교가 될 것이라고 생각한다.

　나는 가끔씩 우리 일본인들은 타인에 대해 너그럽게 못하다는 생각을 해볼 때가 있다. 어쩔 수 없이 잘못을 저지른 사람에 대해서, 이를 철저히 규탄하는 것이다. 그냥 모른 척 내버려두면 더 나을 수도 있는 것을, 묵은 상처까지 들춰내며 헤집는 것이다. 이 세상에 절대적인 정의 따위는 있을 리 없다. 우리 모두는 잘못을 저지르지 않고는 살아갈 수 없는 인간임에도, 누구든 자신보다 조금 더 죄인으로 보이면, 자신의 문제는 싹 잊어버린 채 남의 허물에 매달리는 것이다.

예를 들어 낙태 문제를 생각해보자.

물론 낙태가 바람직하다고는 생각하지 않는다. 하지만 그렇다고 그것이 눈에 쌍심지를 켜가며 규탄해야 할 정도로 나쁜 일인가? 국가가 정의의 이름을 빌려 사형을 집행하고, 전쟁을 통해 인간을 죽이는 것은 생각하지 않고, 눈물을 삼킨 채 낙태를 결심할 수밖에 없었던 사람을 규탄하는 것은 지나치게 일방적인 처사가 아닐까?

우리는 죄를 범하지 않고는 살 수 없는 인간이다. 따라서 무조건 죄를 지은 사람에게 덤벼들 것이 아니라, 한쪽에 밀쳐두고 잊어주었으면 한다. 우리가 잊어준다면, 그 다음은 지장보살이 그를 지켜주실 것이다. 지장보살은 언제나 벙글벙글 웃으며 우리를 지켜보고 계시니까.

우리가 굳이 그것을 하지 않아도 되는 것이다. 지장보살이 모두를 굽어 살피시고 계시기 때문이다. 우리는 그분을 잊더라도, 그분은 결코 우리를 잊지 않으실 것이다.

슬픈 일, 괴로운 일은 모두 잊어버리면 된다. 그 나머지는 모두 지장보살이 맡아주신다. 그런 분이 바로 지장보살이다. 나는 그런 '지장보살의 불교'가 있었으면 좋겠다고 생각한다.

| 옮기고 나서 |

뒤도 돌아보고 옆도 살피는 삶을 위해

가끔 엉뚱한 생각을 해볼 때가 있다.
만약 붓다가 현대의 도시 한복판에서 운전을 한다면 어떻게 될까?
일단 그 광경이 전혀 어울리지 않아 우스울 것이고, 때로는 본의 아니게 남에게 폐를 끼치는 일도 피하기 어려울 것이다. 게다가 그분의 운전 실력이 미숙하다면, 때로는 요란한 경적소리와 함께 "야, 운전 좀 똑바로 해!" 하는 거친 소리를 듣게 될지도 모른다.
붓다도 현대의 삶의 조건 속에서는 대체로 속수무책이 된다.
왜 그럴까? 아마도 '속도(speed)'의 탓일 거라고 나는 생각한다. 폐쇄된 공간 속에서 고속으로 차를 몰면서 사방을 찬찬히 살필 수는 없는 노릇 아닌가? 오늘 우리의 삶이 이와 다를 게 없다. 삶의 템포는 인간의 욕망에 비례해서 줄곧 가속 페달을 밟아왔고, 그 대표적인 것이 자동차라는 문명의 이기가 아닌가 싶다.
늘 쫓기듯이 고속으로 내달려야 하는 현대인의 삶은 고달프다. 가끔은 뒤도 돌아보고 옆도 살피면서 삶을 가꾸어가야 하는데, 현대의 생존조건은 그런 여유를 허락하지 않는다. 그래서 너나 할 것 없이 앞만 보고 정신없이 달리기만 하는 것이다.

왜 이렇게 살아야 하나?

달리다 잠시 멈춰 서게 됐을 때, 누구나 한번쯤 이런 의문을 떠올린 적이 있을 것이다.

이 책을 옮기다보니 2,500년 전의 한 사람, 까마득한 옛사람인 붓다의 이야기가 지금 우리에게 너무나도 절실하게 와 닿는다는 사실이 자못 신기하기까지 하다. 오히려 지나간 시대보다 현대를 사는 우리를 향해 하신 말씀 같다는 생각이 들 정도이다.

간디의 서약 중에 "진실로 필요하지 않은 것을 갖는 것은 도둑질한 것이다. 육체가 필요로 하는 최소한의 것 이상을 가져서는 안 된다"는 말은 두말할 것도 없이 붓다의 가르침이다.

19세기 프랑스의 한 '공상적' 사회주의자는 "평균 이상의 재산을 가진 것은 도둑질한 것"이라고 말했다. 처음에 나는 너무 과격한 말이 아닌가 생각했지만, 살아가면서 곰곰이 곱씹어보니 고개가 끄덕여졌다. 사회가 생산하는 재화는 일정하게 마련인데, 내가 더 많이 가지면 누군가는 부족으로 고통받게 되어 있지 않은가?

붓다는 이미 2,500년 전에 이런 가르침을 세상에 베풀었다.

어떻게 살아야 하는가?

어떤 삶이 참다운 삶인가?

이 책은 오늘을 사는 우리에게 삶의 근간이 될 만한 지혜들을 전해주고 있다.

하나같이 귀하고 맑은 이 삶의 지혜들을 옮기는 동안 내내 평화롭고 행복한 마음이었다. 붓다가 전하는 지극한 자비와 사랑을 보다 많은 이들과 함께 나눌 수 있기를 바란다.

2004년 겨울, 향유재에서
김향

붓다에게 배우는 삶의 지혜 88

초판 1쇄 펴낸 날 _ 2004. 12. 30

지은이 _ 히로 사치야
옮긴이 _ 김향
펴낸이 _ 이광식
편집 _ 한미경 · 오경화 · 김지연
영업 _ 박원용 · 조경자
펴낸곳 _ 도서출판 가람기획
등록 _ 제13-241(1990. 3. 24)
주소 _ (121-130)서울시 마포구 구수동 68-8 진영빌딩 4층
전화 _ (02)3275-2915~7
팩스 _ (02)3275-2918
선사우편 _ garam815@chollian.net
홈페이지 _ www.garambooks.co.kr

ISBN 89-8435-209-8 (03220)
ⓒ 가람기획, 2004

값은 뒤표지에 있습니다.
잘못된 책은 구입한 서점에서 바꿔드립니다.

서점에서 책을 살 수 없는 독자들을 위해 우편판매를 하고 있습니다.
  수   협 093-62-112061(예금주:이광식)
  농   협 374-02-045616(예금주:이광식)
  국민은행 822-21-0090-623(예금주:이광식)

| 우편요금 |
| 수취인 후납 부담 |
| 발송 유효기간 |
| 2004.10.25~2006.10.24 |
| 서울시 마포우체국 |
| 승인 제922호 |

도서출판 가람기획

121-130

서울시 마포구 구수동 68-8 진영빌딩 4층 | TEL 02-3275-2915~7
FAX 02-3275-2918 | http://www.garambooks.co.kr

우 편 엽 서

보내는 사람

주소

● 독자카드

《한 권으로 보는 세계사 101장면》을 비롯한 '역사 100장면 시리즈'로 잘 알려진 도서출판 가람기획은 역사·인문·천문학 분야의 교양 읽을거리를 기획, 출간해온 출판사입니다. 이 독자카드를 작성해서 보내주신 분은 가람기획의 독자회원으로 모시고, 도서목록을 보내드립니다. 또한 가람기획에서 발행한 책을 구입하실 때 20%의 할인 혜택을 드립니다. 귀하가 보내주신 엽서는 가람기획의 좋은 책 기획에 소중한 밑거름으로 쓰입니다.

이름　　　　　　　　　　　　　　　　　　성별　　□남　　□여
직업　　　　　　　　　　　　　　　　　　나이
전화번호
주소
이번에 사신 책
구입하신 곳　　　　　　　　　　　　　서점
회원 가입 여부　　□기존 회원 (독자번호-　　　　　　　)　　□신규 회원

● 이 책을 구입하시게 된 동기는?
　□소개기사　　□광고　　□주위의 권유　　□출판사를 믿고
　□글쓴이를 보고　　□서점에서 책을 고르다가(제목 / 표지 / 내용)　　□기타

● 구입하신 책을 읽고 난 소감이나 가람기획에 바라는 의견(제목 / 표지 / 편집 / 내용 등)

● 그 동안 구입하셨던 가람기획의 책 중 인상에 남는 것은?

● 구독하시는 신문이나 잡지는?

● 앞으로 가람기획에서 출판했으면 하는 책의 내용이나 종류는?

● 가람기획의 책을 주문하세요.(책 정가의 20% 할인, 발송료 본사 부담)
　책이름　　　　　　　　　　　　　　　　　주문량

(예금주 : 이광식)　　수협 093-62-112061　　　농협 374-02-045616
국민은행 822-21-0090-623 (송금하신 후 전화를 주시면 바로 책을 보내드리겠습니다.)